한글만 알면 힌디어 첫걸음

꿩먹고 알먹고

서행정 지음

문예림

한글만 알면 꿩먹고 알먹는
힌디어 첫걸음

2판 1쇄 인쇄 2019년 1월 18일
2판 1쇄 발행 2019년 1월 23일

지은이 서행정
펴낸이 서덕일
펴낸곳 문예림

출판등록 1962. 7. 12 (제406-1962-1호)
주소 경기도 파주시 회동길 366 (10881)
전화 (02)499-1281~2   팩스 (02)499-1283
전자우편 info@moonyelim.com
홈페이지 www.moonyelim.com

이 책은 저작권법에 의해 보호를 받는 저작물이므로 무단 복제 · 전재 · 발췌할 수 없습니다.
잘못된 책은 구입하신 곳에서 교환해 드립니다.

ISBN 978-89-7482-575-1 (13790)
값 18,500원

머리말

반갑습니다.

지금은 인도가 더 이상 신비의 국가라는 타이틀의 껍질을 벗어나고 있다. 매스컴을 통하여 감추어진 진주처럼 하나하나 적나라하게 알려지기 시작하면서 우리 이웃처럼 가깝게 느껴지고 있다. 우리는 이미 인도의 불교를 통하여 그 사상과 문화를 접하게 되었었기에 생소하지는 않다. 우리의 피 속에는 불교적 사유와 유교적 관습에 젖어 있어서 무의식적으로 그 사상과 문화를 대할 때에 익숙한 느낌이 젖어 있어서 저절로 우리의 관습과 문화의 뿌리에 녹아 있기도 하다. 우리들 행동에서 그들 문화의 향수를 가끔은 느낄 때가 종종 있다. 따라서 보다 더 낳은 정서를 지니기 위하여 그 언어를 배우고 익히는 것은 매우 바람직하고 자연스럽다. 이것은 세계화라는 화두에서 인도가 우리에게 도전이며 기회의 대륙이라는 기대심리가 있었기에 이 책이 나오게 된 계기를 제공한 것인지도 모른다.

힌디라는 어휘는 인더스문명의 발상지에 흐르는 강이 처음에 "Sindhu(씬두)"로 사용하였다. 페르시안인들은 'S(ㅆ)'를 'H(ㅎ)'로 발음한 데서 'Hindhu(힌두)'로 발음한 것이 유래가 되었다. 그것은 페르시안 사람들이 강 건너편에 사는 사람 또는 언어를 지칭하여 불렀다고 한다. 거기에서 'Hindu(힌두교도)', 'Hindi(힌디)'와 'Hinduism(힌두교)'이 되었고, 'India(인디아)'라는 국명도 여기서 나오게 된 연유라 한다.

인도에는 인도아리안어족, 드라비디안어족, 오스트리아어족과 문다어족 등으로 인하여 수많은 언어들이 상존해 있다. 이들 언어들 중에 22개의 공용어들이 있고, 그 중에 힌디어가 4억 내지는 5억 정도가 모국어로 사용하고 있다. 힌디어는 히마짤 쁘라데쉬, 빤잡의 일부지역, 하리야나, 라자스탄, 웃따르 쁘라데쉬, 마댜 쁘라데쉬, 비하주 등의 주에서 사용된다. 힌디 표준어는 델리를 중심으로 사용하는 언어일 뿐만 아니라 힌디영화의 보급으로 인하여 7할 내지는 8할 정도가 힌디어를 사용한다. 이는 곧 힌디어가 실질적으로 공용어적 역할을 하고 있다고 말할 수 있다.

힌디어는 인도아리안어족이고, 싼스끄리뜨어가 이 어족의 조어이고, 힌디어의 고전어가 된다. 싼스끄리뜨어가 범어이고, 불교경전의 언어로 널리 알려져 있다. 여기에 사용된 문자가 데브나그리이고, 그것은 신의 글자라는 의미의 명칭이고, 소리글자이다. 따라서 우선 문자공부를 철저하게 익히는 것이 무엇보다도 중요하고, 읽고 쓰는데 그렇게 큰 어려움이 없다.

문장의 어순은 우리말과 유사하여 문법과 문자를 체계적으로 공부하면 쉽게 습득할 수 있으리라고 생각한다. 힌디어는 인도유럽어인데도 어순이 기본적으로 '주어 + 동사', 즉 '매-(나는) 자따 훙(간다)'과 같이 한국어의 어순과 유사하여 배우기가 쉽다. 다만 꾸준한 반복연습만이 언어습득에 용이하다.

가을이 성큼 다가와 단풍잎이 물들어 온 세상이 아름답게 채색해 놓은 듯하다. 이렇게 만물이 성숙해 져 채색된 자신의 모든 것을 하나 둘 씩 땅위에 떨어뜨려 흙으로 돌아갈 준비를 하는 자연의 신비에 놀라움을 금치 못할 지경이다. 이런 자연의 변화에서 윤회사상이 나오지 않았을 가라는 생각을 가끔 한다. 어쨌든 계절의 변화가 무루 익어갈 무렵에 비로소 힌디첫걸음이 태어난 것이다. 힌디를 배우려는 이들에게 뭔가 해야 한다는 생각을 하고 있을 무렵에 문예림의 대표님으로부터 의뢰를 받게 되었다. 물론 두려움이 앞서다 보니 진도가 나가지 않았는데 여러분의 격려로 마무리를 짓게 되었다.

이 책이 나오기 까지 도움과 격려를 해 주신 문예림의 대표님에게 감사를 드린다. 07학번 김진규군의 적극적 도우미역할로 힌디타자와 교정을 해주어서 진심으로 고마움을 표하며, 델리 대학교 쁘라디쁘 꾸마르 다쓰(Pradeep Kumar Das) 교수님께서 감수해 주셔서 감사드린다. 성균관대학교 동아시아학과 국제정치학을 공부하는 갼(Gyaneshwar)과 리짜(Richa)여사의 정성스러운 녹음에 대하여 진심으로 감사드린다. 그 밖에 여러분들의 격려와 무언의 도움으로 아름다운 결실을 맺게 되어 무엇보다도 감사드린다.

이문 동산의 연구실에서

Contents

■ 머리말 | 3

제 1 장 힌디의 문자 | 7

1. 모음 | 9
2. 자음 | 11
3. 힌디읽기 | 21

제 2 장 힌디어 공부 | 25

1. 인도이다. | 26
2. 안녕하세요. | 38
3. 누구세요? | 47
4. 방 | 55
5. 가세요. | 66
6. 대가족 | 75
7. 7시에 일어난다. | 87
8. 아침식사. | 99
9. 힌디공부 | 109
10. 좋은 습관 | 121

11. 주소 | 133
12. 우리집 | 145
13. 인간과 신체 | 154
14. 인구 | 164
15. 디-왈리 | 174
16. 눈으로 보다. | 185
17. 자신의 건강 | 194
18. 시계 | 202
19. 만남 | 210
20. 수표 | 219

제3장 부록 | 229

■ 힌디자음 발음 도표 | 230
Ⅰ. 기수 | 231
Ⅱ. 서수 | 233
Ⅲ. 분수 | 233
Ⅳ. 배수 | 233
Ⅴ. 집합 | 234
Ⅵ. 요일과 달 | 234
Ⅶ. 문법 | 235
Ⅷ. 가족관계 | 251
Ⅸ. 한글-힌디 기본 단어 | 252

제 1 장

힌디의 문자
(देवनागरी)

힌디의 문자

　힌디 문자(文字)의 명칭은 신의 문자라는 의미를 지닌 '데브나그리 देवनगरी'라고 부른다. 이것은 전통적으로 싼스끄리뜨어의 철자법에 따라 쓰고 있다. 남아시아 지역 언어들의 문자들도 인도 고대 문자의 영향을 받아 그들의 고유한 문자들이 각각 창출되어 오늘에 이른 것이다. 동남아시아의 일부 언어들도 인도 고대 문자의 영향을 받은 것으로 보인다. 그것은 B.C. 5세기에서 A.D. 4세기까지 사용한 브라흐미 ब्राह्मी 문자로부터 발전하여 A.D. 10세기 무렵에 형성된 것이다. 인도에서 현재 사용하는 거의 모든 문자가 브라흐미 문자에서 비롯되었다.

　데브나그리 문자는 표음문자로서 알파벳적이면서 음절어의 특성을 지닌다. 로마 문자의 배열순서와 달리 데브나그리의 문자의 배열순서는 음운원리에 따른 알파벳의 연계가 체계적이다. 다시 말하면, 연구개음, 경구개음, 권설음, 치음, 치조음, 양순음, 설탄음과 반모음 등의 순서와 유성음, 무성음, 유기음과 무기음등의 음운의 분류는 체계적인 문자임을 보여준다. 단점은 처음에 문자 익히기 및 쓰기의 어려움이 있고, 모음과 자음의 결합에 따른 합성어의 음절이 복잡한 문법적 규칙이 있다는 점이다.

　문자의 모양은 수직과 수평을 기준으로 하고, 여기에 고리 모양이 부가된 형태이다. 문자 익히기는 기본적으로 수평과 수직 및 고리모양의 그리기 연습을 하면, 데브나그리 글자를 쓰는데 힘들지 않고 훨씬 쉽게 쓸 수 있다. 힌디 문자는 데브나그리로 표기하는 것을 원칙적으로 하고, 자음 아래에(हल 헐) 'ॖ'로 표기하여 순수 자음을 나타낸다.

　힌디 모음은 두 가지 문자로 표기한다. 그 하나는 완성형의 모음 문자가 있고, 다른 하나는 자음과 자음을 연결시켜주는 모음을 연접 모음의 표기를 이용하여 단어를 구성한다. 모음의 연접기호는 자음과 복자음 등을 수반하고, 이들 연접 표기들은 직선과 고리의 모양으로 조합된 것이다. 이는 자음과 자음을 연계시켜주는 주요한 역할을 담당한다. 따라서 모음의 완성형을 먼저 익히고, 연접모음표기를 익혀서 자음들간의 조합원리를 공부하기로 한다. 힌디의 모음은 과학적이라고 할 수는 없으나 소리 문자라는 측면에서 비교적 과학적이고 체계적 음성구조를 갖추고 있다.

1. 모음

1.1 힌디모음의 필법도

अ	어	ˀ ᴈ अ					
आ	아	ˀ ᴈ आ					
इ	이	ς ६ इ					
ई	이–	ς ६ ई					
उ	우	ˀ ᴈ उ					
ऊ	우–	ˀ ᴈ ऊ					
ऋ	리–	～⁄⁄ ऋ					
ए	에	ι ι ए					
ऐ	애	ι ι ऐ					
ओ	오	ˀ ᴈ आ ओ					
औ	오우	ˀ ᴈ आ औ					
अः	어흐	ˀ ᴈ अ अः					

1.2 힌디모음의 해설

힌디 모음은 모두 11개의 모음으로 되어 있으나 [ऋ 리] 음은 자음과 모음이 결합된 문자이다. 고대 싼스끄리뜨어에서 모음의 범주에 넣고 있어 전통적으로 모음의 범주에 편의상 넣고 있다. 음성학적 설명을 할 경우에는 따로 취급하고 있다.

(1) अ 어 음은 한국어의 '어' 음과 '아' 음의 중간에 해당하는 모음으로 한국어의 '어' 음으로 표기하여 발음하기로 한다.
(2) आ 아 음은 한국어의 '아' 음을 발음할 때 보다 입을 크게 벌려서 '아' 음을 발음하게 되면, 자동적으로 장음의 '아' 음으로 발음된다. 이 음을 한국어의 '아' 음으로 표기하기로 한다.
(3) इ 이 음과 उ 우 음은 단모음으로 각각 평순. 원순모음으로서 짧고 빠르게 끊어서 발음한다. ई 이– 음과 ऊ 우– 음은 장모음이므로 마찬가지로 평순 원순모음으로서 발음할 때, 크고 분명하게 장모음으로 발음하여 단모음과 구별하여야 한다.

(4) ए 에 음과 ऐ 애 음은 평순모음, 전설모음이고, 각각 중고모음. 중저모음의 위치에서 혀끝을 아래쪽 치아에 기대어 혀의 높이를 각각 중고와 중저로 하여 에와 애로 발음하면 된다.
(5) ओ 오 음과 औ 오우 음은 원순 후설모음으로 각각 중고 중저모음이고, '오' 음은 한국어와 동일하여 동일하게 발음해 주면 되고, '오우' 음은 연구개, 양순모음으로 발음하는 음으로 한국어에 없으므로 본래의 음에 가깝게 '오우' 음으로 발음하기로 한다.
(6) अ: 어흐 음은 기음으로서 자음과 결합하여 '흐' 음으로 발음 한다.
(7) ऐ 애 음과 औ 오우 음은 표준 힌디에서 단모음으로 사용되고 있다. 그런데 ऐ 음과 औ 음은 각각 중성모음 य 여 음과 व 워 음을 만나서 각각 '어이'와 '어우'의 중모음화 한다. 즉, ऐ + य = अइय 어이여, औ + व = अउव 어우워; मैया 머이야 (어머니), कौवा 꺼우와 (까마귀) 와 같이 발음한다.

1.3 힌디 모음과 연접 모음 표기

	데브나그리		모음연접 기호	영문과 한글표기			자음과 모음의 결합		
	완성형	비모음		영문	한글	비모음	힌	한	비음화
1	अ	अँ	्◌	a	어	엉	क	꺼	कँ 껑
2	आ	आँ	ा	a	아	앙-	का	까	काँ 깡
3	इ	इँ	ि	i	이	잉	कि	끼	किं 낑
4	ई	ईं	ी	i	이-	잉-	की	끼-	कीं 낑-
5	उ	उँ	ु	u	우	웅	कु	꾸	कुँ 꿍
6	ऊ	ऊँ	ू	u	우-	웅-	कू	꾸-	कूँ 꿍-
7	ऋ	ऋँ	ृ	ri	리	이	कृ	끄리	कृँ 끄링
8	ए	एँ	े	e	에	엥	के	께	कें 껭
9	ऐ	ऐं	ै	ai	애	앵	कै	깨	कैं 깽
10	ओ	ओं	ो	o	오	옹	को	꼬	कों 꽁
11	औ	औं	ौ	au	오우	오웅	कौ	꼬우	कौं 꼬웅

2. 자음(व्यंजन)

2.1 자음의 필법도

(1) 연구개음

क	ㄲ	･ㅋ क क	
ख	ㅋ	ㄴ ㅁ ख ख	
ग	ㄱ	﹨ ㅣ ग	
घ	ᵸㄱ	﹨ घ घ घ	
ङ	ㅇ	﹒ ㄷ ㄷ ङ	

(2) 경구개음

च	ㅉ	ㅡㄷ च च	
छ	ㅊ	﹒ ㅂ ঙ छ	
ज	ㅈ	ㄴ ㄴ ज ज	
झ	ᵸㅈ	﹒ ㅌ झ झ	
ञ	녀	ㅇ ㅡ ञ	

(3) 권설음

ट	ㄸ.	﹒ ट	
ठ	ㅌ.	﹒ ठ	
ड	ㄷ.	﹒ ड	
ड़	ㄹ.	﹒ ड ड़	
ढ	ᵸㄷ.	﹒ ढ	
ढ़	ᵸㄹ.	﹒ ढ ढ़	
ण	ㄴ.	ㄴ ㄴ ण	

(4) 치음

त	ㄸ
थ	ㅌ
द	ㄷ
ध	ㄷʰ
न	ㄴ

(5) 양순음

प	ㅃ
फ	ㅍ
ब	ㅂ
भ	ㅂʰ
म	ㅁ

(6) 중성모음 및 자음과 설전음 및 설측음

य	여
र	ㄹ
ल	ㄹ'
व	워/와

(7) 마찰음

श	ㅅ
ष	ㅅ
स	ㅆ
ह	ㅎ

(8) 복자음

क्ष	끄셔	੬੬੬ਈਈ					
त्त	뜨러	ㄱㅏㅈ					
द्द	드여(더)	ਂਦਿਤੀ					
ज्ञ	겨	ਟਹਿਟ					
श्र	쉬러	੨੪ਅਸ਼					

2.2 힌디 자음과 한국어 표기

다음의 자음의 표기는 'अ 어' 음이 함께 발음된다. 자음에 'ͦ'(헐)을 표기할 경우에는 순수 자음으로 발음한다. 여기서는 '헐'을 표기하지 않았다.

연구개음	(12)	क	꺼
	(13)	ख	커
	(14)	ग	거
	(15)	घ	^{h}거
	(16)	ङ	엉
경구개음	(17)	च	쩌
	(18)	छ	처
	(19)	ज	저
	(20)	झ	^{h}저
	(21)	ञ	녀
권설음	(22)	ट	떠.
	(23)	ठ	터.
	(24)	ड	더.
	(25)	ड़	러.
	(26)	ढ	^{h}더.
	(27)	ढ़	^{h}러.
	(28)	ण	너.
치음	(29)	त	떠
	(30)	थ	터

| 13

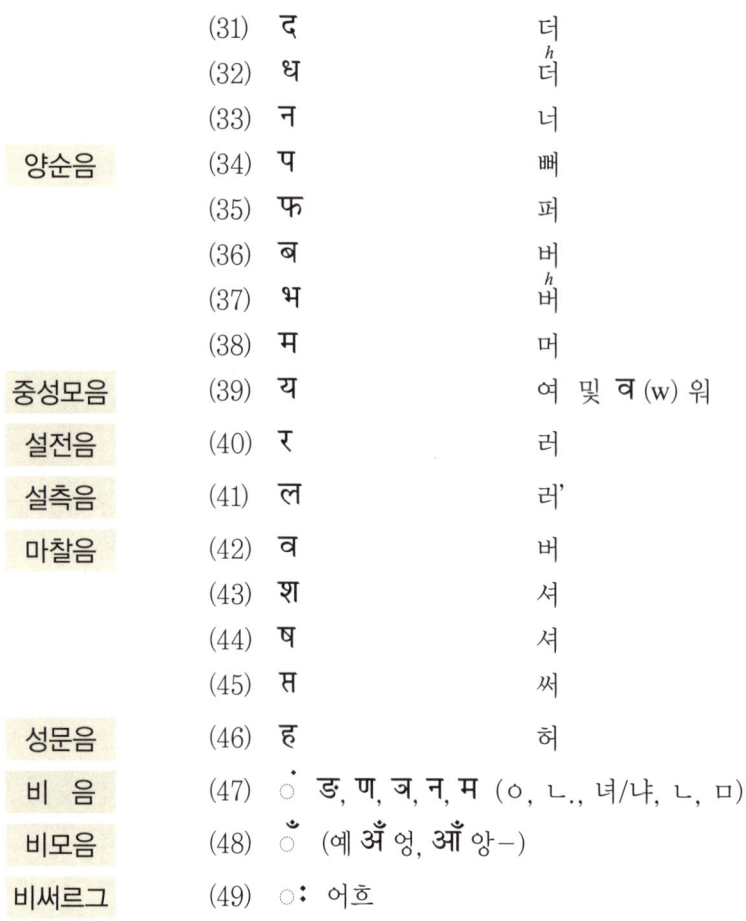

(1) [ड़ ㄹ.]와 [ढ़ hㄹ.] 음소는 설탄음이고, [ड ㄷ.]와 [ढ hㄷ.] 음소는 권설음이다. [ज़ z] 음과 [फ़ f] 음은 차용자음으로 원음으로 발음하지만 때때로 각각 [ज ㅈ]과 [फ ㅍ] 음으로 발음하기도 한다.

(2) 힌디 문자 중에서 복자음으로 표기되는 단독 문자들은 다음과 같다.

① क्ष ➡ 끄셔   क् + ष = क्ष   रक्षा   러끄샤 (보호)
② त्र ➡ 뜨러   त् + र = त्र   पत्र   뻬뜨러 (편지)
③ द्य ➡ 뎌   द् + य = द्य   विद्या   비댜 (지)
④ श्र ➡ 쉬러   श् + र = श्र   श्रवण   쉬러버느. (청각)
⑤ ज्ञ ➡ 겨   ज् + ञ = ज्ञ   ज्ञान   갼 (지식)

2.3 힌디자음의 해설

(1) 힌디어는 모음과 자음의 결합으로 구성된 음절어적 성격을 지니고 있는 언어이다.
(2) 힌디 자음은 35개이고, 힌디어는 연구개음 'क्, ख्, ग्, घ्, ङ : ㄲ, ㅋ, ㄱ, $\overset{h}{ㄱ}$, ㅇ' 음들의 음소에서 성문음 'ह : ㅎ' 음의 음소로 끝나는데, 우연의 일치일 지는 몰라도, 한국어도 'ㄱ' 음소에서 시작해서 'ㅎ' 음소로 끝나는 것이 매우 흥미롭다.
(3) 힌디는 입 안쪽의 연구개음을 시작으로, 경구개음, 권설음, 치음, 양순음에 이어서 중성모음 및 중성자음, 마찰음과 성문음의 순서로 구성되어 있다. 중성모음의 중간에 설전음과 설측음이 포함된다.
(4) 설전음 [र ㄹ] 음은 한국어의 '나라'에서 '라'의 /ㄹ/ 음으로 발음되고, 설측음 [ल ㄹ'] 음은 '올라가다'에서 '라'의 /ㄹ/ 음에 해당한다.[1]
(5) 한국어에 없는 자음은 권설음[2] (ट्, ठ्, ड्, ढ्, ण्; ㄸ., ㅌ., ㄷ., ㄷ., ㄴ.), 설탄음 (ड़, ढ़ ; ㄹ., $\overset{h}{ㄹ}$.) 과 유성유기음[3] (घ्, झ्, ढ्, ध्, भ ; $\overset{h}{ㄱ}$, $\overset{h}{ㅈ}$, $\overset{h}{ㄷ}$., $\overset{h}{ㄷ}$., $\overset{h}{ㅂ}$) 이다.
(6) 권설음은 혀 끝을 목젖 쪽으로 말아서 올려 입천장을 파열시켜서 내는 발음이다. 설탄음은 권설음과 동일한 원리로 발음하는데, 단지 혀 끝을 뒤로 말아서 올려 입천장에서 입 몸 쪽으로 단 한 번 순간적으로 툭 쳐서 발음한다.
(7) 유성유기음은 유성음이면서 기음(氣音)을 동시에 발음하는 원리로서 한국어에는 없다. 그렇지만 한국어의 'ㄱ, ㅈ, ㄷ, ㅂ' 음들이 초성으로 발음하는 경우에 유성유기음의 발음이 된다. 이들을 발음하는 방법은 'ग्, ज्, ड्, द्, ब् ; ㄱ, ㅈ, ㄷ., ㄷ, ㅂ' 음들을 발음할 때, 배에 약간 힘을 주면서 바람을 크게 내뿜으면서 발음하면, 자연스럽게 유성유기음의 'घ्, झ्, ढ्, ध्, भ ; $\overset{h}{거}$, $\overset{h}{저}$, $\overset{h}{더}$., $\overset{h}{더}$, $\overset{h}{버}$' 음으로 발음된다.
(8) 'व' 음은 순치음 'va 버' 음과 중성모음 'wa 워' 음으로 발음되는 두 가지 음가가 있다.
(9) 단일한 자음의 발음에 단 하나의 문자 기호가 있어야 하는데, 힌디에는 동일한 음에 두 가지 문자기호가 있는 경우이다. 즉, 'ri 리' 음은 'र ि 리' 와 모음 계열의 'ऋ 리' 음이다.
(10) 'श 셔' 음과 'ष 셔' 음은 '셔' 음으로 동일하게 발음해 준다.
(11) 간혹, 유사한 문자를 혼동하게 하는 경우가 있으나 그들 문자들의 특성에 익숙해 지면 그다지 어렵지는 않다. 예를 들면, 'घ् $\overset{h}{ㄱ}$' 음과 'ध् $\overset{h}{ㄷ}$', 'म ㅁ' 음과 'भ ㅂ', 'ख ㅋ' 음과 'रव 러브' 등의 예가 그렇다. 한 가지 음에 여러 문자 기호를 사용하는 경우가 있다.

1. 설전음은 / r ㄹ /로, 설측음은 / l ㄹ'/로 표기하기로 한다.
2. 권설음과 설탄음의 표기를 한글의 자음 옆에 [마침표로 표기 즉, ㄸ., ㅌ., ㄷ., $\overset{h}{ㄷ}$., ㄴ., ㄹ., $\overset{h}{ㄹ}$.]로 하기로 한다.
3. 유성음이면서 유기음의 표기는 문자 위에 'h'(ㅎ)로 표기하기로 한다. 즉, [$\overset{h}{ㄱ}$, $\overset{h}{ㅈ}$, $\overset{h}{ㄷ}$., $\overset{h}{ㄷ}$, $\overset{h}{ㅂ}$]

⑫ 'र 러' 음은 'र्क 르꺼'와 'ट्र 뜨.러'와 'क्र 끄러'가 있다. 'त् + र'는 'त्र 뜨러'이고, 'क् + ष्'는 'क्ष 끄셔' 등이 있다.
⑬ 모음에는 자음과 자음을 결합시켜 주는 연접모음의 기호(मात्रा 마뜨라)가 있어야 한다는 점이 비과학적 문자라 시사할 수는 있으나 이들 문자들을 익히기만 하면, 소리글이라는 특성 때문에 오히려 힌디어에 매료될 수가 있다. 이와 같은 데브나그리 문자는 지금도 인도 고유의 전통적 문자로서 여러 인도 아리안어 계열에서 사용되고 있다. 데브나그리 문자는 소리글의 성격이 있음에도 불구하고 문법적으로 문자 체계와 음성 체계가 꾸준히 발전해 온 것이다.

2.4 복자음

복자음은 두개의 자음 또는 그 이상의 자음군으로 구성되어 있는 경우로 자음 간에 모음이 연계적 역할을 하지 않는다. 예를 들면, "व्यक्ति 벽띠 vyakti(m. 사람)"에서 모음의 연계가 없는 'व्'와 'य्', 'क्'와 'त्'의 자음만의 결합군으로서 'व्य; 벼 vya'와 'क्त 끄떠 kta'는 복자음이다. 힌디 단어에 강세가 대개 없으나 중자음 앞에 오는 모음에 강세를 한다.

힌디의 복자음 표기는 반자음으로 나타내어 표기한다. 그런데 힌디 문자는 수평, 수직과 고리 모양의 특징을 갖고 있다. 반자음 문자는 힌디 문자의 수직과 고리 모양의 일부를 제거하여 표기한다.

2.5 반자음의 표기원칙

(1) 수직의 일부를 제거한 경우

ख	커	—	ख़	ㅋ
ग	거	—	ग़	ㄱ
घ	ʰ거	—	ध़	ʰㄱ
च	쩌	—	च़	ㅉ
ज	저	—	ज़	ㅈ
झ	ʰ저	—	झ़	ʰㅈ
ण	너	—	ण़	ㄴ.
त	떠	—	त़	ㄸ
थ	떠	—	थ़	ㅌ
ध	ʰ더	—	ध़	ʰㄷ
न	너	—	ऩ	ㄴ
प	뻐	—	प़	ㅃ

ब	버	—	ब्	ㅂ
भ	버	—	भ्	ʰㅂ
म	머	—	म्	ㅁ
ल	러'	—	ल्	ㄹ'
व	버/워	—	व्	ㅂ
श	셔	—	श्	ㅅ
ष	셔	—	ष्	ㅅ
स	써	—	स्	ㅆ

(2) 고리 모양의 일부를 제거한 경우

| क | 꺼 | — | क् | ㄲ |
| फ | 퍼 | — | फ् | ㅍ |

(3) 둘 다 없는 경우에 문자아래에 헐(हल)[्]로 표기한다.

छ	처	—	छ्	ㅊ
ट	떠.	—	ट्	ㄸ.
ह	허	—	ह्	ㅎ
ढ	ʰ더.	—	ढ्	ʰㄷ.
ड	ㄷ	—	ड्	ㄷ
द	ㄷ	—	द्	ㄷ

(4) 'र ㄹ' 음은 3 가지 형태로 표기한다.

① कर्म 꺼름 (m. 행위)
② ट्रेन 뜨.렌 (f. 기차)
③ क्रम 끄럼 (m. 순서)

2.6 복자음의 예

(1) क वर्ग : क्क kka, क्ख kkha, क्म kma, क्य kya, क्र kra, क्ल kla, क्व kva, क्ष kṣa, क्स ksa, ख्य khya, ग्ध gdha, ग्न gna, ग्म gma, ग्य gya, ग्र gra, ग्ल gla, ग्व gva, घ्न ghna, घ्र ghra, ड्ग ḍga, ड्क ḍka

(2) च वर्ग : च्च cca, च्छ ccha, च्य cya, ज्ज jja, ज्ञ jña, ज्य jya, ज्र jra, ज्व jva, ञ्च ñca, ञ्ज ñja

(3) ट वर्ग : ट्य ṭya, ट्र ṭra, ड्ड ḍḍa, ड्य ḍya, ड्र ḍra, ढ्य ḍhya, ण्ट ṇṭa, ण्ठ ṇṭha, ण्ड ṇḍa, ण्ढ ṇḍha, ण्य ṇya

(4) त वर्ग : त्क tka, त्त tta, त्त्व ttva, त्थ ttha, त्व tva, त्य tya, त्न tna, त्प tpa, त्म tma, त्र tra, त्स tsa, त्स्न tsna, त्स्य tsya, थ्य thya, थ्व thva, द्द dda, द्ध ddha, द्य dya, द्र dra, द्व dva, ध्य dhya,

ध्व dhva, न्त nta, न्थ ntha, न्द nda, न्द्र ndra, न्ध ndha, न्ध्य ndhya, न्न nna, न्म nma, न्य nya, न्व nva, न्स nsa, न्ह nha

(5) प वर्ग : प्त pta, प्न pna, प्प ppa, प्फ ppha, प्र pra, प्ल pla, प्स psa, फ्र phra, ब्ज bja, ब्त bta, ब्ध bdha, ब्ब bba, ब्भ bbha, म्म mma, म्य mya, म्र mra, म्ल mla, म्ह mha

(6) य्य yya, र्क rka, र्ख rkha, र्स rsa, ल्क lk, ल्द lda, ल्प lpa, ल्म lma, ल्य lya, ल्ल lla, ल्ह lha, व्य vya, व्र vra, व्व vva

(7) श्क śka, श्य śya, श्च śca, श्ल śla, श्व śva, ष्क ṣka, ष्ट ṣṭa, ष्ट्र ṣṭra, ष्ठ ṣṭha, ष्ण ṣṇa, ष्प ṣpa, ष्म ṣma, ष्य ṣya, ष्व ṣva, स्क ska, स्ख skha, स्ट sṭa, स्त sta, स्त्र stra, स्थ stha, स्थ्य sthya, स्न sna, स्प spa, स्फ spha, स्म sma, स्र sra, स्व sva, स्स ssa

(8) ह्न hna, ह्म hma, ह्य hya, ह्र hṛ, ह्र hra, ह्ल hla, ह्व hva

2.7 비음과 함께 쓰이는 복자음

(1) ङ ㅇ + [क ㄲ음의 계열], ञ 녀 + [च ㅉ 음의 계열], ण ㄴ. + [ट ㄸ. 음의 계열], न ㄴ + [त ㄸ 음의 계열], म ㅁ + [प ㅃ 음의 계열]음들은 동일한 계열의 자음과 결합한 복자음이고, 이들 ङ, ञ, ण, न, म (ㅇ, 녀, ㄴ., ㄴ, ㅁ) 비음들은 간략하게 보통 어누쓰와르(अनुस्वार) [ं] 로 표기하고, 발음은 비음으로 한다.

예문

पङ्ख	→	पंख	뻥크	m. 날개
अञ्जन	→	अंजन	언전	m. 안약
घण्टा	→	घंटा	건따.ʰ	m. 종, 시간
आनन्द	→	आनंद	아넌드	m. 기쁨
दम्पति	→	दंपति	덤뻐띠	m. 결혼한 부부

(2) अ 어 음은 어휘의 끝에서 묵음화하는 현상이 있다. 예외적으로 अ 어 음은 복자음으로 끝나는 경우에, 발음할 때에 '어' 음에 가깝게 발음해 준다.

예문

| उत्तरदायित्व | uttardāitw(a) | 웃따르다잇뜨워 | m. 책임감 |
| साहित्य | sāhity(a) | 싸힛뜨여 | m. 문학 |

(3) ' ं ' (anusvār)는 일반적으로 [ह h] 음 앞에서 연구개음의 비음인 [ङ ㅇ] 음으로 발음하고, [य y] 음 앞에서 경구개음의 비음인 [ञ 녀] 음으로 발음한다.

예문

[ङ + h] संहार   썽하르   m. 전멸, 근절
[ञ + y] संयत   썬여뜨   a. 제한된, 냉정한

어누스워르는 [श, स, र, ल : ㅅ, ㅆ, ㄹ, ㄹ'] 음 앞에서는 치음의 비음인 [न ㄴ] 음으로 발음한다. [व v] 음 앞에 오는 어누쓰워르는 양순음의 비음 [म ㅁ] 음으로 발음한다.

예문

[न n + श, स, र, ल] वंश   번시   m. 혈통, 가문
                     संसार   썬싸르   m. 세계, 세상
                     संरक्षण   썬러끄션   m. 보호, 후원
                     संलग्न   썬러'그느   a. 부착된, 인접한
[म m + va] संविधान   썸비단^h m. 헌법

(4) '**अनुस्वार** 어누쓰와르' (̇)와 '**अनुनासिक** 어누나씩' (̐)의 발음에는 차이가 있다. 문자에 있어서 어누나씩 표기 대신에 어누쓰워르 표기를 많이 쓴다. 어누쓰워르는 다른 모음이나 자음과 똑같이 별개의 음성이다. 비모음의 음은 콧소리이다. 아누쓰와르의 발음에는 날숨을 코로 내뿜으면서 발음한다. 그렇지만 어누나씩의 발음에는 입과 코로 날숨을 동시에 내뿜으면서 발음한다.

예문

रंग, रँगता, कुँवर, वेदांत, दाँत, हंस, हँसता
렁그, 렁그따, 꿍워르, 베단뜨, 당뜨, 헌쓰, 한스따

(5) 싼스끄리뜨 어휘의 끝에 오는 어누쓰워르는 [ㅁ] 음으로 발음한다. 즉 [वरं, स्वयं, एवं : 버럼, 쓰버염, 에범] 등이다.

(6) 힌디에서는 어누나씩 대신에 어누쓰워르를 더 많이 쓴다. 어누쓰워르에서 아누나씩의 발음을 찾는데 몇 가지 법칙이 있다.

① 순수 힌디 어휘의 종성에 어누쓰워르가 오면, 어누나씩으로 발음한다.

मैं   매-   में   메
जूं   중- (이)   क्यों   꿍 (왜)
गेहूं   게훙- (곡식)

② 성.수의 활용에 따라서 어누쓰워르는 어누나씩으로 발음한다.

करूं   꺼룽-   लड़कों   럴'르.꽁

लड़कियाँ　　 럴'르.끼양　　　　हूँ　　　홍-
हैं　　　　　　행-

③ 장모음 다음에 오는 어누쓰워르는 어누나씩으로 발음한다.
आँख　　　앙-크　　　पांच　　빵-쯔
ईंधन　　　잉ʰ단　　　ऊँट　　웅-뜨.
साँभर　　　쌍ʰ버르　　सौंपना　쏘웅쁘나

2.8 힌디 문자에 관한 주의 사항

(1) [ऋ 리] 폼은 알파벳의 배열에서 모음의 범주에 들어 있으나 발음학상 자음과 모음의 결합으로 되어 있으므로 실질적으로 모음이 아니다. 즉 [ऋ = ri] "리"로 발음한다.

(2) 영어의 차용모음(借用母音)으로서 간혹 사용되는 「ऑ」〔ʌ〕 음은 「आ」(아) 음으로 대체하여 사용한다. 예를 들면] कॉफ़ी〔까피-〕(커피) डॉक्टर〔닥.떠.르〕(의사) 등의 영어단어 등이 있다.

(3) 힌디 표준어(標準語)의 모음은 모두 기본적으로 단모음(單母音)이다. 예외적으로 [ऐ 애]와 [औ 오우]음은 각각 [य 여]와 [व 워] 음 앞에서 중모음(重母音)의 [अइ 어이)]와 [अउ 어우] 폼으로 중모음화(重母音化)한다.

예문 वैयाकरण = वइयाकरण 버이야꺼런.
| 문법 | कौवा = कउवा 꺼우와 (까마귀)

(4) 무기음(無氣音)은 입으로 바람을 적게 내뿜으면서 발음한다. 반면에 바람을 입으로 많이 내뿜으면서 발음하면 유기음(有氣音)이 된다. 무기음과 유기음의 쌍의 예를 보면, [क ख : ㄱ, ㅋ], [ग घ : ㄱ, ㄱʰ], [च छ : ㅉ, ㅊ], [ज झ : ㅈ, ㅈʰ], [त थ : ㄸ, ㅌ], [द ध : ㄷ, ㄷʰ], [प फ : ㅃ, ㅍ], [ब भ : ㅂ, ㅂʰ], [ड़ ढ़ : ㄹ., ㄹʰ.] 등이 있다. 예외적으로 [न्ह 느허], [म्ह 므허], [ल्ह 르'허]음들을 어떤 학자들은 유기음의 음소로 보기도 한다.

(5) [श ㅅ] 음과 [ष ㅅ] 음들은 각각 경구개음과 권설음으로 발음하고 있으나 [श ㅅ] 음으로 동일하게 발음하는 것을 원칙으로 삼는다. [ष ㅅ] 음은 권설음을 만나면 어김없이 권설음으로 발음한다.

(6) [व]음은 음성학적으로 두 가지의 음가를 갖고 있다. 즉, 하나는 [व v] 음이 유성음, 순치음과 마찰음이고, 다른 하나는 [व 워/와] 폼이 유성음, 양순음과 반모음이다.

(7) 아누스와르(अनुस्वार), 아누나씨끄(अनुनासिक)와 비싸르그(विसर्ग)는 그 음가(音價)의 표기를 나타낸다.

(8) 따라서 힌디의 모음(母音)과 자음문자(子音文字)는 통틀어서 총 46개의 문자들이다.

3.0 힌디를 읽는 방법

단어는 일반적으로 음소와 음절로 구성된다. 힌디에는 단어가 음절과 밀접한 연관성을 갖고 있다. 음절은 모음과 자음이 결합하여 하나의 단어를 구성한다. 힌디어가 현대언어로 발전해 가면서 다양한 음절적 특성을 지닌 언어로 발전해 온 것이다.

따라서 힌디어에서 단음절은 「(자음) + 모음 + (자음)」이다. 음절의 맨 끝 자음의 다음에 오는 모음 「अ 어」 음은 묵음이 된다. 다시 말하면, 각 음절의 끝과 단어의 끝에 오는 [अ 어] 음은 반드시 묵음이 된다.

① आम 'āma 아머' (망고)에서 '어' 음의 묵음화로 '아ㅁ 즉, 암'으로 발음한다.

예문

काम 깜 (일), हम 험 (우리들은), तुम 뚬 (너희들은), आप 아쁘 (압; 당신은), वह 베흐 (그는)
शतरंज śat(a)rañj(a) 셔뜨런즈 [= शत् (+ अ)묵음) 셔뜨 + रंज (+ अ)(묵음) 런즈]

② 'अ a' 음은 다음절에서도 음절마다 끝나는 자음 다음에 올 경우에 묵음화한다. 여기서 मतलब [mat(a)lab(a)] (머뜨러ㅂ브)는 2음절인데, मत + लब = 「mat(a)」 + 「lab(a)」한 음절의 끝 모음 [अ a] 음의 묵음화의 현상에 의하여 첫째 음절이 끝나는 मत् mat + [अ a] 음과 둘째 음절이 끝나는 लब् lab + [अ a] 음이 묵음이 된다.

③ कमल kamal(a)과 같은 3 음절 단어는 단어 끝에 오는 [अ a] 음은 묵음이 되지만 1음절의 끝 모음 'अ 어' 음의 경우는 묵음이 되지 않는다. 따라서 「kamal(a)」(꺼멀)(क् + अ + म् + अ + ल्⟨+ अ⟩)는 'क 꺼'가 첫째 음절이고, 'मल 멀'가 둘째 음절로서 2음절이 된다.

예문

कमल 꺼멀 (연꽃), बहन 베헌 (누이), चप्पल 쩟뻘 (샌달), नमक 너머끄 (소금), मटर 머떠.르 (콩),
शहर 셰허르 (도시), उधर 우더ʰ르 (저기에), इधर 이더ʰ르 (여기에), ओझल 오절 (보이지 않는)

④ 이와 같이 힌디는 단모음이 오거나 모음과 자음이 결합하여 하나의 음절단위로 표시하고 있다. 따라서 어두(語頭)의 자음은 다음에 오는 모음에 속하고, 어미(語尾)의 자음은 앞에 오는 모음과 결합하여 한 음절을 구성한다. 단어에 복자음이 오는 경우에 첫째 자음은 앞 모음에 속하고, 둘째 자음은 뒤에 오는 모음에 속한다. 힌디에서는 음절 단위 그 자체가 발음 단위라 지칭할 수 있을 만큼 매우 중요한 관계라 할 수 있다.

다시 말하면, 초성으로 오는 자음이나 복중자음은 다음 모음에 속한다. जाना ['जा+ना 자+나' (가다)]; प्राणी ['प्रा+णी 쁘라+니.-' (생명)]

⑤ 종성의 자음은 앞의 모음에 속한다. महान [म+हान 머+한 (커다란)]; जगत [ज+गत 저+거뜨

(세계)]; कमल ['क+मल 꺼+멀' (연꽃)]

⑥ 중성에 오는 자음은 다음의 모음에 속한다. 예 सवेरा [स+वे+रा 써+베+라' (새벽)]; नदी ['न+दी 너+디-' (강)]

⑦ 종성의 복자음은 처음의 자음이 앞의 모음에 속하고, 그 뒤 자음이 다음의 모음에 속한다. मंत्री ['मन्+त्री 먼+뜨리' (장관)]; अक्षर ['अ+क्षर 어+끄셔르' (억끄셔르) (음절)]; अद्वितीय ['अ+द्वि+तीय 어+드비+띠여' (어드위띠-여) (유일무이한)]

⑧ 힌디는 기존의 영어에서처럼 강세가 문법적으로 확실하게 규정되어 있지는 않으나 일반적으로 장모음과 복자음 앞에 오는 모음에 강세를 두고 있다. 다만 문장에서 단어와 어절 및 문장의 강세 여하에 따라 화자의 의도나 의미가 다르게 표현될 수가 있다. 그렇지만 힌디 어휘에 있어서는 강세에 따라 의미를 구별하는 것이 보편화되어 있지는 않는다.

3.1 읽기 연습

आ	아	v. 오다
आओ	아오	v. 오세요, 오너라
आइए	아이에	v. 오십시오
आइएगा	아이에가	v. 오십시오
कील	낄-	f. 못
शान्त	샨뜨	f. 평온
वस्त्र	버쓰뜨르	m. 직물, 옷, 옷감
द्वार	드와르	m. 문
स्वार्थ	쓰와르트	m. 이기주의
स्वास्थ्य	쓰와쓰텨	m. 건강(健康)
अचल	어쩔	a. 부동의
आरोग्य	아로겨	m. 쾌차 a. 병이 낳은
शिथिल	시틸	a. 느슨해진
मन्त्री	먼뜨리-	m. 장관
स्पृहा	쓰쁘리하	f. 갈망

आसक्ति	아썩띠	f.	애착
अनुग्रह	어누그러흐	m.	의리, 호의
मलाई	멀라ˊ이-	f.	크림
संगमरमर	썽그머르머르	m.	대리석
न्यायालय	느야알러ˊ여	m.	법원, 재판소
व्यावहारिक	브야브허리끄	m.	실제의
परीक्षार्थि	뻐릭-샤르티-	m.	수험생
सुव्यवस्था	쑤브여버쓰타	f.	정돈, 조직
प्रत्युपकारी	쁘러뜨유쁘까리-	m.	보은자(報恩者)
संग्रहालय	썽그러할러ˊ여	m.	박물관(博物館)
अभिसारिका	어비^{h}싸리까	f.	방종
अभिनन्दनीय	어비넌더니-여	a.	칭찬할만한
दियासलाई	디야썰라ˊ이-	f.	성냥
कहलाइएगा	께흘라ˊ이에가	v.	말씀하십시오

제 2 장
힌디어 공부
(हिंदी की पढ़ाई)

lekcia 1

यह भारत है।
예흐 바라뜨 해. (인도이다.)

◀ 4사자 석주 주두

마우리야 왕조(BC 322~185)의 아쇼카 대왕(BC 272~232)이 불교로 귀의하여 불교의 다르마를 전파하고자 인도와 그 주변국가에 그들 지역의 언어로 기록하여 아쇼카 탑을 세웠다. 석주 주두는 연꽃, 법륜과 말이 새겨진 주두와 4 사자가 등을 맞대고 서 있는 모습이다.

1.0 🎧

यह भारत है।
예흐 바라뜨 해.

यहाँ ही दिल्ली है।
여항 히- 딜리- 해.

यह पुरानी दिल्ली है।
예흐 뿌라니- 딜리- 해.

वहाँ यमुना नदी है।
버항 여무나 너디- 해.

वह नदी नहीं है, झील है।
웨흐 너디- 너힝- 해, 질- 해.

이것은 인도[4]이다.
여기가 델리[5]이다.
이곳은 올드델리이다.
저기가 야무나강[6]이다.
저것은 강이 아니고, 호수이다.

1.1 단계

단어와 숙어 익히기

- **यह**
  예흐
  이것

- **वह**
  웨흐
  그것, 저것

- **वहाँ**
  버항
  그곳에, 저곳에

- **भारत**
  바라뜨
  m. 인도

- **यहाँ ही**
  야항 히-
  바로 여기

- **दिल्ली**
  딜리-
  f. 델리

- **पुरानी दिल्ली**
  뿌라니- 딜리-
  f. 올드델리

- **झील**
  질-
  f. 호수

알아두기

4. 인도는 국토 면적이 세계에서 7번째로 넓고 인구는 세계에서 2번째로 많다. 북서쪽으로는 파키스탄, 북동쪽으로는 중국, 네팔, 부탄, 동쪽으로는 미얀마와 국경을 마주하고 있으며, 북동부는 방글라데시와 접해 있다. 남동쪽의 벵골 만과 남서쪽의 아라비아 해와 접해 있다. 남쪽 앞바다에 섬 나라인 스리랑카가 있다. 면적 3,166,414km^2

5. 델리는 인도의 수도로서 연방직할주로서 올드델리와, 남쪽에 있는 뉴델리(1912년 이후 인도의 수도), 가까운 농촌지역으로 구성되어 있다. 올드델리는 예부터 경제 중심지인 반면에 뉴델리에는 행정관청이 집중된 행정도시. 직할주 전체가 인도의 중북부로 가는 화물수송 중심지이기도 하다. 델리는 여러 제국 및 왕조시대를 거친 수도였던 곳이다.

6. Yamuna River (Jumna)는 인도 북부 우따르쁘라데시 주에 있는 강이다. 히말라야 산중에서 시작하여 남쪽으로 흘러 히말라야 산기슭과 인도 평원 북부를 지난 다음 우따르쁘라데시 주와 하리아나 주의 경계를 따라 흐른다. 이곳에서 동·서 야무나 운하를 지나서 델리를 거쳐서 아그라 운하에 물을 대주고, 마투라 부근에서 방향을 남동쪽으로 흐른다. 발원지에서부터 약 1,376km를 흐른 뒤 알라하바드 부근에서 갠지스 강에 합류한다.

1.2 단계

문법 따라잡기

1.2.1. 기본 문장

가장 기본적 문장은 '주어 + 동사' 이다. 힌디어의 기본 문장은 한국어의 문장구조와 유사하다.

① 주격 + 동사 (1형식)
② 주격 + 주격보어 + 동사 (2형식)
③ 주격 + 목적어 + 동사 (3형식)
④ 주격 + 동사 + 목적어절 (4형식)

힌디어는 인도유럽어이기 때문에 영어의 'I know that he is a teacher.' 와 같은 형식의 문장이 자주 등장한다.

⑤ 주어 + 간접목적어 + 직접목적어 + 동사 (5형식)
⑥ 주어 + 목적어 + 목적보어 + 동사 (6형식)

① 나는 간다.
    मैं   जाता हूँ।
    매-   자따 훙-.
    나는 (주어)   간다 (동사)

② 이것은 자동차이다.
    यह   कार   है।
    예흐   까르   해.
    이것은 (주어)   자동차 (주격보어)   이다 (동사)

③ 나는 힌디를 공부한다.
    मैं   हिंदी   सीखता हूँ।
    매-   힌디-   씨-크따 훙-.
    나 (주어)   힌디를 (목적어)   공부한다 (동사)

④ 나는 그가 훌륭하다고 말했다.
    मैं ने कहा कि वह अच्छा है।
    매- 네 꺼하 끼 웨흐 엇차 해.
    내가 말했다 that 그는 훌륭하다.

⑤ 할머님은 우리에게 이야기를 들려주셨다.
दादी ने हमें एक कहानी सुनाई।
다디- 네 허멩   에끄 꺼하니- 쑤나이-.
주어 간접목적어 직접목적어   동사

⑥ 그는 그 딸의 이름을 샨따로 지었다.
उसने उस बेटी का नाम शान्ता रखा।
주어   목적어   목.보 동사
우쓰네 우쓰 베띠.- 까 남   샨따 러카.

1.2.2. '**होना** 호나' 동사는 영어의 'be' 동사와 같다. '호나' 동사의 현재형은 인칭에 따라 '**हूँ** 훙-, **हो** 호, **है** 해, **हैं** 행'이다. 이것은 기본적으로 '- 이다' 라는 뜻이다.

1.2.3. 지시대명사

यह 예흐 ; 이것, 이곳, 이 사람
वह 웨흐 ; 그것, 저것, 저곳, 그 사람

그들은 사물과 사람을 지칭하는데, 전자는 가까운 거리를 지칭하며, 후자는 먼 거리에 있는 것을 지칭하여 사용하는 지시대명사이다.

예문

① 이곳은 델리이다.
यह दिल्ली है।
예흐 딜리- 해.

② 저것은 책상이다.
वह मेज है।
웨흐 메즈 해.

③ 이 사람은 머던이다.
यह मदन है।
예흐 머던 해.

④ 저 사람은 씨따이다.
वह सीता है।
웨흐 씨따 해.

1.2.4. 의문문

'**क्या** 꺄'의 의미는 영어의 'what'이다. 이것은 문장의 맨 앞에 오면, 의문문을 나타낸다. 때때로 '**क्या** 꺄'를 생략하여 문장의 뒷부분을 올려 발음하여 의문문을 나타낸다. '꺄'가 문장의 맨 앞에 오지 않으면, '무엇'이라는 의미로 쓰인다.

예문

이것은 책입니까?
क्या यह किताब है?
꺄 예흐 끼땁 해?

예, 이것은 책입니다.
हाँ, यह किताब है।
항 예흐 끼땁 해.

이것은 무엇입니까?
यह क्या है?
예흐 꺄 해?

이것은 책입니다.
यह किताब है।
예흐 끼땁 해.

질문에 대한 긍정과 부정은 '**हाँ** 항- (예, 네)'과 '**नहीं** 너힝- (아니오)'이다. 영어처럼 긍정에는 항상 긍정 (**हाँ** 항) 이고, 부정에는 항상 부정 (**नहीं** 너힝-)으로 답변한다. 존칭에서 긍정에 '**जी हाँ** 지- 항'이나 '**हाँ जी** 항 지-'로 표현한다.

간혹 '**जी** 지-'만 사용하기도 한다. 부정에 '**जी नहीं** 지- 너힝-'이나 '**नहीं जी** 너힝- 지-'로 나타낸다.

(1) 단순 의문문

① 이 분이 머던인가요?
क्या यह मदन है?
꺄 예흐 머던 해?

② 예, 이 분이 머던이다.
जी हाँ, यह मदन है।
지- 항, 예흐 머던 해.

③ 예, 이 사람은 머던이다.
हाँ, यह मदन है।
항, 예흐 머던 해.

④ 아니오, 이 분은 머던이 아니다.
जी नहीं, यह मदन नहीं है।
지- 너힝-, 예흐 머던 너힝- 해.

⑤ 아니, 이 사람은 머던이다.
   जी हाँ, यह मदन है।
   지- 항, 예흐 머던 해.

(2) '무엇'의 의미로 표현하는 의문문

① 이것은 무엇입니까?
   यह क्या है?
   예흐 꺄 해?

② 이것은 책입니다.
   यह किताब है।
   예흐 끼땁 해.

③ 이것은 무엇입니까?
   यह क्या है?
   예흐 꺄 해?

④ 이것은 열쇠입니다.
   यह चाबी है।
   예흐 짜비- 해.

⑤ 그것은 무엇입니까?
   वह क्या है?
   웨흐 꺄 해?

⑥ 그것은 시계입니다.
   वह घड़ी है।
   웨흐 걸리- 해.

⑦ 그것은 무엇입니까?
   वह क्या है?
   웨흐 꺄 해?

⑧ 그것은 사진입니다.
   वह तस्वीर है।
   웨흐 떠쓰비-르 해.

1.2.5. 부정어

부정어에는 **नहीं** 너힝-, **न** 너와 **मत** 머뜨가 있다. 일반적으로 부정어는 동사 앞에 오지만 상황에 따라 동사 뒤에 오기도 한다.

|긍정문| वह दिल्ली है। 저곳은 델리이다.
웨흐 딜리- 해.

|부정문| वह दिल्ली नहीं है। 저곳은 델리가 아니다.
웨흐 딜리- 너힝- 해.

|긍정문| बोलो। 말해요.
볼로'.

|부정문| मत बोलो। 말하지 말아요.
머뜨 볼로'.

|긍정문| आना। 오세요.
아나.

|부정문| त आना 오지 마세요.
너 아나.

1.3 단계

표현 따라하기

1.3.1. 'यह 예흐'와 'वह 웨흐'의 표현

① 이 사람은 셔르마이다.
यह शर्मा है।
예흐 셔르마 해.

② 그 사람은 람이다.
वह राम है।
웨흐 람 해.

③ 이곳은 인도이다.
यह भारत है।
예흐 바라뜨 해.

④ 저곳은 한국이다.
वह कोरिया है।
웨흐 꼬리야 해.

⑤ 이곳은 일본이다.
यह जापान है।
예흐 자빤 해.

⑥ 저곳은 중국이다.
वह चीन है।
웨흐 찐- 해.

⑦ 이곳은 미국이다.
यह अमेरिका है।
예흐 어메리까 해.

⑧ 이것은 좋다.
वह अच्छा है।
웨흐 엇차 해.

⑨ 이것은 좋지않다.
यह अच्छा नहीं है।
예흐 엇차 너힝- 해.

⑩ 저것은 나쁘다.
वह बुरा है।
웨흐 부라 해.

⑪ 저것은 나쁘지 않다.
वह बुरा नहीं है।
웨흐 부라 너힝- 해.

1.3.2. 'यहाँ 여항'과 'वहाँ 버항'의 표현

① 여기는 여무나 강이다.
यहाँ यमुना नदी है।
여항 여무나 너디- 해.

② 여기는 좋다.
यहाँ अच्छा है।
여항 엇차 해.

③ 그곳은 겅가강이다.
वहाँ गंगा नदी है।
버항 겅가 너디- 해.

④ 그곳은 겅가강이 아니다.
   वहाँ गंगा नदी नहीं है।
   버항   강가   너디-   너힝-   해.

1.4단계

힌디로 말하기

1.4.1. दिल्ली 딜리-

A : 이곳이 델리이니?
   क्या यह दिल्ली है ?
   꺄   예흐   딜리-   해 ?

B : 응, 이곳이 델리야. 이곳은 나의 고향이다.
   हाँ, यह दिल्ली है। यहाँ मेरा गृह नगर है।
   항,   예흐   딜리-   해.   여항   메라   그리흐   너거르   해.

1.4.2. भारत 바 ^{h}러뜨

C : 그곳이 인도입니까?
   क्या वह भारत है ?
   꺄   웨흐   바 ^{h}러뜨   해 ?

D : 아니오, 저곳은 인도가 아닙니다. 저곳은 파키스탄입니다.
   नहीं, वह भारत नहीं है। वह पकिस्तान है।
   너힝-,   웨흐   바 ^{h}러뜨   너힝   해.   웨흐   빠끼쓰딴   해.

1.4.3. उषा 우샤 (여성의 이름)

E : 이 애가 우샤니?
   क्या यह उषा है ?
   꺄   예흐   우샤   해 ?

F : 아니야, 애는 우샤가 아니고 우마야.
   नहीं, यह उषा नहीं है। यह उमा है।
   너힝-,   예흐   우샤   너힝-   해.   예흐   우마   해.

1.4.4. चीन찐- (중국)

G : 저곳이 중국이니?
  क्या वह चीन है ?
  꺄 웨흐 찐- 해 ?

H : 아니야, 저곳은 중국이 아니고, 한국이야.
  नहीं, वह चीन नहीं है। वह कोरिया है।
  너힝-, 웨흐 찐 너힝- 해. 웨흐 꼬리야 해.

1.4.5. क्या है ? 꺄 해? (무엇이냐?)

K : 이것은 무엇입니까?
  यह क्या है?
  예흐 꺄 해 ?

L : 이것은 랄 낄라[7] 입니다.
  यह लाल किला है।
  예흐 랄 낄라 해.

K : 저것은 무엇입니까?
  वह क्या है?
  웨흐 꺄 해 ?

L : 저것은 자마 마쓰지드[8]입니다.
  वह जामा मसजिद है।
  웨흐 자마 마쓰지드 해.

7. 붉은 요새라고 하며, 붉은 사암의 성벽으로 건축된 연유로 '레드 포트(랄 낄라)'라 불리게 되었다. 17세기 중엽 샤흐 자한이 세운 궁전이다.
8. 이것은 이슬람교의 예배하는 곳으로 모스크(mosque)라 하고, 이 마스지드 자미 (masjid jāmi : 대사원), 즉 집단예배 (금요일 집단예배) 모스크는 이슬람신앙공동체의 중심지이다. 자마마쓰지드는 랄낄라 건너편에 있는 올드 델리의 이슬람 사원이다.

숫자연습 (1-10)

1. एक 에끄
2. दो 도
3. तीन 띤-
4. चार 짜르
5. पाँच 빤쯔
6. छै व छह 채
7. सात 싸뜨
8. आठ 아트.
9. नौ 노우
10. दस 더쓰

1.5 단계

함께 연습하기

1.5.1. 다음 지도를 보고, 지명을 힌디로 말하시오.

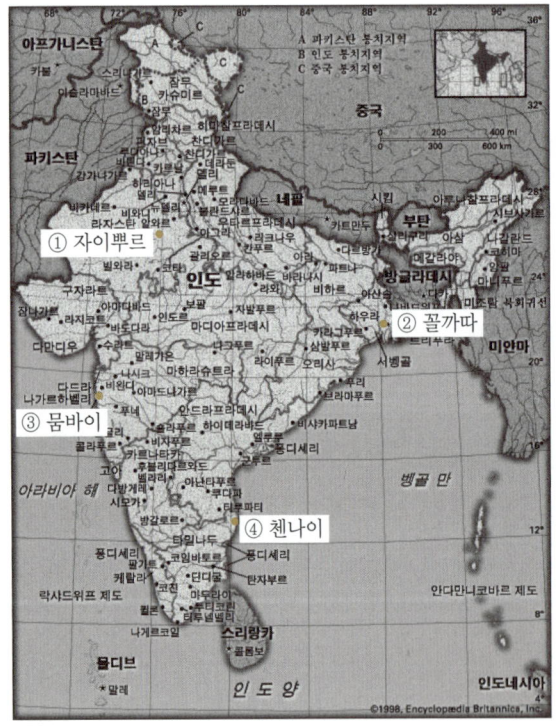

① 자이뿌르
② 꼴까따
③ 뭄바이
④ 첸나이

---

① यह जयपुर है।
② यह कोलकोता है।
③ वह मुंबई है।
④ वह चेंनई है।

1.5.2. 긍정과 부정으로 대답하기

① क्या यह दिल्ली है ?
② क्या वह उषा है ?
③ क्या यह पुरानी दिल्ली है ?

---

① हाँ, यह दिल्ली है।
नहीं, यह दिल्ली नहीं है।
② हाँ, वह उषा है।
नहीं, वह उषा नहीं है।
③ हाँ, यह पुरानी दिल्ली है।
नहीं, यह पुरानी दिल्ली नहीं है।

1.5.3. 힌디로 옮기시오.

① 이곳은 인도이다.
② 저곳은 델리이다.
③ 이 사람은 머던이다.
④ 저 사람은 씨따이다.
⑤ 이들은 머던과 씨따이다.

---

① यह भारत है।
② वह दिल्ली है।
③ यह मदन है।
④ वह सीता है।
⑤ ये मदन और सीता हैं

기억하기

| यह भारत है। | वह दिल्ली है। |
| यह उषा है। | वह मदन है। |

lekcia 2

नमस्ते
너머쓰데 (안녕하세요)

▲ 그림 피리부는 끄리쉬나 신

2.0 🎧

A : नमस्ते।
너머쓰데.

B : नमस्ते।
너머쓰데.

A : आप कैसे हैं ?
압 깨쎄 행-?

B : मैं बहुत अच्छा हूँ।
매- 버후뜨 엇차 훙-.

आप कैसी हैं ?
압 깨씨- 행-.

A : मैं भी अच्छी हूँ।
매- 비- 엇치- 훙-.

क्या घर में सब लोग अच्छे हैं ?
꺄 거르 메- 써브 로'구 엇체 행?

B : हाँ, सब लोग अच्छे हैं।
항-, 써브 로'구 엇체 행-.

A : नमस्ते।
너머쓰데.

B : नमस्ते।
너머쓰데.

A : 안녕하십니까?
B : 안녕하십니까?
A : 어떻게 지내세요?
B : 예, 아주 잘 있습니다.
    당신도 잘 지내시지요?
A : 저도 잘 있습니다.
B : 집안 식구들도 모두 안녕하신가요?
    예, 모두 다 잘 있습니다.
A : 안녕히 계십시오.
B : 안녕히 계십시오.

2.1 단계

단어와 숙어 익히기

- **अच्छा**　　　　　　　　a. 훌륭한, adv. 잘, interj. 네, 그렇지, 그런데
  엇차

- **आप**　　　　　　　　　pron. 당신
  아쁘 (압)

- **कैसा**　　　　　　　　a. 어떤 (종류의), 어떠한
  깨싸

- **कैसे**　　　　　　　　adv. 어떻게, 어찌
  깨쎄

- **क्या**　　　　　　　　pron. 무엇
  꺄

- **घर**　　　　　　　　　m. 집
  ʰ거르

- **जी**　　　　　　　　　int. 님, 나리
  지-

- **ठीक**　　　　　　　　a. 올바른, 정확한
  티.-끄

- **नमस्कार**　　　　　　m. 인사
  너머쓰까르

- **नमस्ते**　　　　　　　f. 인사
  너머쓰떼

- **भी**　　　　　　　　　adv. 역시, 또한
  ʰ비-

- **में**　　　　　　　　　post. 에, 안에
  메

- **मैं**　　　　　　　　　pron. 나
  매-

- **लोग**　　　　　　　　m. 사람
  로'그

- **सब**　　　　　　　　　a. 모든, 전체의, pron. 모두, 전체
  썹

2.2 단계

문법 따라잡기

2.2.1. 인사

① 인도인들은 '**नमस्ते** 너머쓰떼'와 '**नमस्कार** 너머쓰까르'를 아침이나 저녁에 만날 때나 헤어질 때, 항상 가슴 앞에 두 손을 모아 고개를 약간 숙이면서 인사를 한다. 헤어질 때, '**नमस्ते** 너머쓰떼'와 함께 자주 '**फिर मिलेंगे** 피르 밀렝게' 또는 '**फिर मिलें** 피르 밀렝'을 사용한다.

② 존칭에는 '**नमस्ते जी** 너머쓰떼 지-' 또는 '**नमस्कार जी** 너머쓰까르 지-'로 표현한다.

③ 이것은 '너머쓰떼'와 함께 쓰기도 하는 '**आप कैसे / कैसी हैं ?**' '압 깨쎄/깨씨- 행?'은 영어의 'How are you?'와 동일하다. 이것은 '당신은 어떠하십니까?'라는 의미로 사용한다. 여기서 **कैसा** 깨싸'는 의문사로서 '어떻게'라는 말이다.
'**क्या (आप का) हाल (चाल) है?** 꺄 (압 까) 할(-짤) 해?'는 상대방의 안부를 묻는 인사말이다.

④ '**जी** 지-'는 남녀와 상관없이 친밀한 관계의 어른들에게 이름이나 성에 붙여서 사용한다. '**साहब** 싸헙'은 동일한 용법의 의미를 지니고 있으며, 무슬림에게 자주 사용한다. 최근에는 종교와 관계없이 사용하기도 한다.

⑤ '당신의 덕분이다.'라는 말은 '**आप की कृपा है।** 압 끼- 끄리빠 해.' 또는 '**आप की मेहरबानी है।** 압 끼- 메허르바니- 해.'이다.

2.2.2. 인칭 대명사

1인칭 **मैं** (매-) **हम** (험), 2인칭 **तू** (뚜-), **तुम** (뚬), **आप** (압) 그리고 3인칭 **वह** (웨흐)와 **यह** (예흐), **वे** (웨)와 **ये** (예)가 있다.

주어		단수	복수
1인칭	나, 우리들	**मैं** 매-	**हम** 험
2인칭	너, 너희들, 당신	**तू** 뚜-	**तुम** 뚬
			आप 압
3인칭	그 사람, 그들	**वह** 웨흐	**वे** 웨
	이 사람, 이들	**यह** 예흐	**ये** 예

2.2.3. 현재형 동사

होना (호나, -이다) 동사의 성과 수는 인칭에 따라 변형한 어형을 아래에 도표로 제시한다. 즉,

	단 수		복 수	
1인칭	मैं हूँ	매- 훙-	हम हैं	험 행
2인칭	तू है	뚜- 해	तुम हो आप हैं	뚬 호 압 행
3인칭	वह है यह है	웨흐 해 예흐 해	वे हैं ये हैं	웨 행 예 행

2.2.4. 형용사는 다음에 나오는 명사의 성과 수에 일치하고, 술어에서는 주어의 성과 수에 일치한다.

예문

저는 잘 지냅니다.

मैं अच्छा हूँ   मैं अच्छी हूँ
매- 엇차 훙-.   매- 엇치- 훙-

'मैं 매-'는 남성이면서 단수이다.   'मैं 매-'는 여성이면서 단수이다.

2.2.5. "अच्छा 엇차" 이것은 한국어의 긍정적 답변으로 사용하는 '응, 그래, 맞다, 맞아' 등등의 의미로 인도인들이 자주 사용한다.

2.2.6. 존칭어

힌디어는 존칭어가 있다. 존칭어는 일반적으로 복수형으로 사용한다. 1인칭 'मैं 매-'는 자신을 낮추는 말로 '나'가 아니고 '저'가 된다. 복수형 'हम 험'은 자신을 높이는 말로 '우리들'이 아니고 '나'라는 의미다.

이와 같이 'ये 예'는 '이 분'이고, 'वे 웨'는 '저 분'이라는 의미가 된다.

2.3 단계

표현 따라하기 🎧

2.3.1. 건강과 안부

① 어떻게 지내십니까?
आप कैसे हैं ?
압　께쎄　행 ?

② 잘 지냅니다.
मैं अच्छा हूँ।
매-　엇차　훙-.

③ 너는 어떻게 지내니?
तुम कैसी हो ?
뚬　께씨-　호 ?

④ 잘 지냅니다.
मैं अच्छी हूँ।
매-　엇치-　훙-.

⑤ 건강은 어떠하십니까?
आप की तबीयत कैसी है ?
압　끼-　떠비-여뜨　께씨-　해 ?

⑥ 건강은 괜찮습니다.
मेरी तबीयत तो ठीक है।
메리-　떠비-여뜨　또　티.-끄 해.

⑦ 집안 식구들 모두 별고 없으시지요?
घर में सब लोग ठीक-ठाक हैं न ?
거르멩　썹　로'그　티.-크 타.끄 행 너.

⑧ 예, 모든 식구들이 잘 있습니다.
जी हाँ, सब लोग अच्छे हैं।
지-　항,　썹　로'그　엇체　행.

⑨ 네 부모님들 안녕하시지요?
तुम्हारे माँ-बाप सकुशल तो हैं न ?
뚬하레　망　바쁘　써꾸셜　또 행 너 ?

⑩ 예, 그분들은 잘 있습니다.
जी हाँ, वे सकुशल हैं।
지-　항,　웨　써꾸셜　행.

2.3.2. 고마움의 표현

◯ 감사합니다.

① धन्यवाद।
   던ʰ여와드

② शुक्रिया।
   슈끄리야

③ थैंकस।
   탱끄쓰

◯ 당신 덕택입니다.

④ आप की मेहरबानी है।
   압   끼- 메허르바니- 해.

   मैं आपका आभारी हूँ।
   매-   압까   아바ʰ리-   훙.

⑤ आप की कृपा है।
   압   끼- 끄리빠 해.

◯ 감사합니다.

⑥ आप का आभारी हूँ।
   압   까   아바ʰ리-   훙-.

◯ 천만에요.(괜찮아요)

⑦ कोई बात नहीं।
   꼬이- 바뜨 너힝-

2.3.3. 미안함의 표현

◯ 죄송합니다.

① क्षमा कीजिए।
   끄서미   끼 지에

② माफ कीजिए।
   마프   끼-지에

③ खेद है।
   케드 해.

④ सॉरि।
   쏘리.

◎ 괜찮습니다.
⑤ **ठीक है।**
　티.-끄 해.

2.4단계

힌디로 말하기 🎧

2.4.1. 안녕하십니까?

A : 안녕하세요, 람 님.
नमस्ते, राम जी।
너머쓰떼, 람 지-.

B : 안녕하세요, 친구님, 어떻게 지내세요?
नमस्ते, भाई साहिब! क्या हाल है ?
너머쓰떼, 바이- 싸헙! 꺄 할 해?

A : 덕분에 모두 다 잘 있습니다. 어떻게 지내세요?
मेहरबानी है, सब ठीक है। आप कैसे हैं ?
메허르바니- 해, 썹 티.-끄 해. 압 깨쎄 행.

B : 저도 잘 있습니다. 감사합니다.
मैं भी ठीक हूँ, धन्यवाद।
매- 비- 티.-끄 훙-, 던여와드.

A : 안녕히 계십시오. 또 만납시다.
नमस्ते, फिर मिलेंगे।
너머쓰떼, 피르 밀렝'게.

B : 안녕히 가십시오.
नमस्ते।
너머쓰떼.

2.4.2. 만나서 반갑습니다.

C : 안녕하십니까?
राम राम!
람 람!

D : 안녕하십니까?
   राम राम!
   람 람!

C : 어떻게 지내 십니까?
   आप कैसी हैं ?
   압 깨씨- 행?

D : 잘 지내고 있습니다. 잘 지내십니까?
   मैं बहुत अच्छी हूँ। आप कैसे हैं ?
   맹 버후뜨 엇치- 훙-. 압 깨쎄 행?

C : 저도 잘 지냅니다. 집안 식구 모두 안녕하십니까?
   मैं भी अच्छा हूँ। क्या घर में सब लोग अच्छे हैं ?
   매- 비- 엇차 훙-. 꺄 거르 메 썹 로'그 엇체 행?

D : 저도 잘 지내고 있습니다. 집안 식구들 모두 안녕합니다.
   हाँ, भगवान की कृपा है। घर में सब लोग ठीक हैं।
   항, 버그완 끼- 끄리빠 해. 거르 메 썹 로'그 티-끄 행.

C : 그래요, 타고 갈 버스가 옵니다. 지금 갑니다.
   अच्छा, मेरी बस आ रही है। अब जाता हूँ।
   엇차, 메리- 버쓰 아 러히 해. 업 자따 훙-.

D : 만나서 기뻤습니다.
   आप से मिलकर मुझे बहुत खुशी हुई।
   압 쎄 밀 꺼르 무제 버후뜨 쿠시- 후이-.

C : 저도 기쁩니다. 안녕히 계십시오.
   मुझे भी। नमस्ते।
   무제 비-. 너마쓰떼.

D : 다시 만납시다. 안녕히 가십시오.
   फिर मिलेंगे। नमस्ते।
   피르 밀렝'게. 너머쓰떼.

숫자연습 (11-20)

11. ग्यारह	갸러흐		12. बारह	바러흐
13. तेरह	떼러흐		14. चौदह	쪼우더흐
15. पंद्रह	뻔드러흐		16. सोलह	쏠러흐
17. सत्रह	써뜨러흐		18. आठरह	아타.러흐
19. उन्नीस	운니-쓰		20. बीस	비-쓰

2.5단계

함께 연습하기

2.5.1. 괄호 속에 알맞는 어휘를 쓰시오.

① आप (　　　　) हैं ? (कैसा, कैसे)
② तुम कैसे (　　　　) ? (है, हैं, हो)
③ मैं अच्छा (　　　　) । (है, हो, हूँ)
④ वह (　　　　) है ? (कैसा, कैसे)

---

① कैसे　② हो　③ हूँ　④ कैसा

2.5.2. 질문에 답하시오.

① क्या घर में पिता जी ठीक हैं ?
② माता जी कैसी हैं ?

---

① जी हाँ, वे ठीक हैं।
② वे अच्छी या ठीक हैं।

2.5.3. 힌디로 쓰시오.

① 당신을 만나서 기쁩니다.
② 안녕하세요.
③ 감사합니다.
④ 당신 덕분입니다.

---

① आप से मिलकर मुझे खुशी हुई।
② नमस्ते जी।
③ धनयवाद
④ आप की कृपा है।

कौन है ?
꼬운 해? (누구세요?)

3.0

नमस्ते !
너머스떼 !

मेरा नाम राम है।
메라 남 람 해.

मैं कॉलेज का विद्यार्थी हूँ।
매- 깔레'즈 까 비댜르티- 훙-

वे मेरे पिता जी हैं।
웨 메레 삐따 지- 행-.

वे प्रमोद हैं। और डॉक्टर हैं।
웨 쁘러모드 행-. 오우르 낙.떠.르 행-.

वे मेरी माता जी हैं
웨 메리- 마따 지- 행-.

वे उषा हैं। और गृहिणी हैं।
웨 우샤 행-. 오우르 그리히니-. 행-.

वह मेरी छोटी बहन है।
웨흐 메리- 초띠.- 베헌 해.

वह छात्रा है।
웨흐 차뜨라 해-.

안녕하세요.
제 이름은 람입니다.
저는 대학생입니다.
저 분은 저의 아버님이십니다.
쁘라모드입니다. 의사입니다.

저 분은 저의 어머님이십니다.
우샤입니다. 가정주부입니다.
저 아이는 제 여동생입니다.
그녀는 학생입니다.

3.1 단계

단어와 숙어 익히기

- **कालेज**
  깔레즈
  m. 대학

- **विद्यार्थी**
  비댜르티-
  m. 학생

- **छात्र**
  차뜨러
  m. 남학생

- **छात्रा**
  차뜨라
  f. 여학생

- **पिता**
  삐따
  m. 아버지

- **माता**
  마따
  f. 어머니

- **जी**
  지-
  존칭어로서 사용한다.

- **डॉक्टर**
  닥.떠.르
  m. 의사

- **वे**
  웨
  वह의 복수

- **और**
  오우르
  conj. 그리고, 과

- **छोटा**
  초따.
  a. 작은

- **बहन**
  베헌
  f. 여자형제

3.2단계

문법 따라잡기

3.2.1. 명사의 성과 주격

힌디어의 명사는 남성과 여성이라는 두 가지 성으로 분류된다. 아버지와 어머니와 같은 자연적 성과 일치하는 경우와 그렇지 않은 경우도 많다.

남성명사에는 국가, 산, 바다와 대양, 별, 시간, 금속, 보석과 과일, 곡식, 액체상태의 명칭 등이 있다.

여성명사에는 강, 태음력, 별자리, 식료품과 음식 등이 있다. 그 외에 남성과 여성과 연관된 어휘들은 그 때 그 때 공부하면서 익히는 것이 중요하다.

3.2.2. 'कौन' 꼬운 (누구)은 의문을 나타내는 의문사이다.

'यह' (예흐 이것)와 'वह' (웨흐 그것)는 지시대명사이면서 3인칭이다.

① 이 사람은 누구입니까?
 यह कौन है ?
 예흐 꼬운 해 ?

② 이 사람은 머던입니다.
 यह मदन है।
 예흐 머던 해.

③ 이 사람은 아샤입니다.
 यह आशा है।
 예흐 아샤 해.

④ 그 사람은 누구입니까?
 वह कौन है ?
 웨흐 꼬운 해 ?

⑤ 그 사람은 의사입니다.
 वह डॉक्टर है।
 웨흐 닥.떠.르 해.

⑥ 그 사람은 학생입니다.
 वह विद्यार्थी है।
 웨흐 비댜르티- 해.

3.2.3. 인칭대명사의 소유격은 성과 수에 의해서 다음과 같이 활용된다.

मैं 매- (나는) ➡ मेरा 메라, मेरी 메리-, मेरे 메레 (나의)
हम 험 (우리들은) ➡ हमारा 허마라, हमारी 허마리-, हमारे 허마레 (우리들의)
तुम 뚬 (너는) ➡ तुम्हारा 뚬하라, तुम्हारी 뚬하리-, तुम्हारे 뚬하레 (너의)
यह 예흐 (이것) ➡ इसका 이쓰까, इसकी 이쓰끼-, इसके 이쓰께 (이것의)
वह 웨흐 (그것) ➡ उसका 우쓰까, उसकी 우쓰끼-, उसके 우쓰께 (그것의)

예문

① 이것은 제 집입니다.
यह मेरा घर है।
예흐 메라 거르 해.

② 그것은 제 책입니다.
वह मेरी किताब है।
웨흐 메리 끼땁 해.

③ 이 분은 제 선생님입니다.
ये मेरे अध्यापक जी हैं।
예 메레 아댜뻐꼬 지- 행-.

④ 이것은 그 사람의 집입니다.
यह उसका घर है।
예흐 우쓰까 거르 해.

⑤ 그것은 이 사람의 책입니다.
वह इसकी किताब है।
웨흐 이쓰끼 끼땁 해.

⑥ 이 분은 그 사람의 선생님입니다.
ये उसके अध्यापक जी हैं।
예 우쓰께 아댜뻐꼬 지- 행-.

3.3 단계

표현 따라하기

3.3.1. 이름을 표현할 때 사용하는 말

मेरा नाम (　　) है।
제 이름은 (　　) 입니다.

예문

आशा 아샤   प्रतिभा 쁘라띠바^h
आलोक 알로ˈ끄   राधा 라다^h

3.3.2. 직업 표현

① 너는 누구니?
तुम कौन हो ?
뚬 꼬운 호 ?

② 나는 학생이다.
मैं विद्यार्थी हूँ ।
매- 비댜르티- 훙-.

③ 그는 누구니?
वह कौन है ?
웨흐 꼬운 해 ?

④ 그는 기자이다.
वह संवाददाता[9] है ।
웨흐 쌍바드다따   해.

3.4 단계

힌디로 말하기 🎧

3.4.1. 처음 만나는 사람

A : 안녕하세요! 저는 셔르마입니다. 성함은?
नमस्ते ! मैं शर्मा हूँ । आप का शुभ नाम क्या है ?
니머스떼! 매- 셔르바 훙-. 압 까 슈브 남 꺄 해?

B : 제 이름은 알로ˈ끄입니다. 만나서 반갑습니다.
मेरा नाम आलोक है । आप से मिलकर खुशी हुई ।
메라 남 알로ˈ끄 해. 압 쎄 밀ˈ꺼르 쿠시- 후이-.

알아두기

9. संवाददाता m. 기자, 특파원

3.4.2. 길거리에서

C : 네 이름은 뭐니?
   तुम्हारा नाम क्या है?
   뚬하라 남 꺄 해?

D : 꾸마르 입니다.
   मेरा नाम कुमार है।
   메라 남 꾸마르 해.

C : 네 성은 뭐니?
   तुम्हारा कूल नाम क्या है?
   뚬하라 꿀- 남 꺄 해?

D : 알로끄입니다.
   आलोक है।
   알로'끄 해.

C : 무슨 일을 하니?
   तुम क्या करते हो?
   뚬 꺄 꺼르떼 호?

D : 저는 대학생입니다.
   मैं कॉलेज का छात्र हूँ।
   매- 깔레'즈 까 차뜨러 훙-.

◯ 숫자연습 (21-30)

21. इक्कीस	익끼-쓰	22. बाईस	바이-쓰
23. तेईस	떼이-쓰	24. चौबीस	쪼우비-쓰
25. पच्चीस	뻣찌-쓰	26. छब्बीस	첫비-쓰
27. सत्ताईस	써따이-쓰	28. अट्ठाईस	엇타.이-쓰
29. उनतीस	운띠-쓰	30. तीस	띠-쓰

3.5 단계

함께 연습하기

3.5.1. 질문에 답하기.

① यह कौन है ? (छात्र)
② ये कौन हैं ? (पिता जी)
③ वह लड़का कौन है ? (मोहन)
④ यह लड़की कौन है ? (राधा)

----

① यह छात्र है।
② ये पिता जी हैं।
③ वह लड़का मोहन है।
④ यह लड़की राधा है।

3.5.2. 괄호속에 넣기.

① वह (　　　) (　　　) ?
　वह अनवर है।
② वे दोनों (　　　) हैं ?
　वे मोहन और राधा है।
③ यह लड़का (　　　) है ?
　(　　　) विमल है।
④ वह लड़की (　　　) है ?
　(　　　) गीता है।

----

① कौन, है　② कौन　③ कौन, यह　④ कौन, वह

기억하기

① मेरा नाम आशा है।
   메라 남 아샤 해.
   제 이름은 아샤입니다.

② ये मेरे पिता जी हैं।
   예 메레 삐따 지- 행-.
   이 분은 제 아버님입니다.

③ वह कौन है?
   웨흐 꼬운 해?
   그 사람은 누구니?

④ वह छात्र है।
   웨흐 차뜨라 해.
   그는 남학생이다.

인도 문화와의 만남

• **카스트 제도에 대하여**

　이 제도는 기원전 3세기 이 후 인도인들 상호 간에 발전해 온 사회와 종교제도의 일종이다. 그 연원을 살펴보면, 유럽의 민족대이동과 함께 인도에 밀려 들어온 인도 아리안족이 인도 아대륙에 진출하면서 이미 있었던 드라비디안족과 원시부족 과의 충돌은 불가피하였다. 아리안족은 정복자로서 상류층 사회계급의 풍요를 누린 반면에 피정복민들은 상대적으로 쫓겨서 인도남부지역으로 밀려 가거나 노예가 되었다. 그 분포에 있어서 크게는 인도 북부와 중부지역은 인도아리안족이 정착해 있고, 인도 남부지역은 드라비디안족이 정착해 있다. 그 밖의 원시부족들은 밀림으로 숨어들었다고 한다. 이 때문에 인도는 현대와 고대가 현존하는 사회라는 견해가 있다.

　카스트의 4 계급은 브라흐민, 끄샤뜨리야, 바이샤와 슈드라로 분류된다. 리그베다 경전에 의하면, 우주인의 입에서 브라흐민, 그의 두 팔에서 끄샤뜨리야, 그의 넓적다리 허벅지에서 바이샤, 그의 두 다리에서 슈드라가 산출되었다고 한다. 더 나아가 마누는 그의 책 마누법전에서 힌두인들을 출생에 따른 4 계급으로 분류한 것이다. 브라흐민은 학식이 있는 성직자 계급이고, 끄샤뜨리야는 전투적이고 통치하는 왕족계급이고, 바이샤는 상업과 농업에 종사하는 농상인 계급이고, 슈드라는 상위 계급을 시중드는 하인계급이다. 이들 계급에도 속하지도 못하는 불가촉천민이 있다. 그들은 가장 불결하고 더러운 일에 종사하는 천민으로 분류하고 있고, 한 때는 신의 백성이라는 의미를 지닌 '하리잔'으로 불렀으나 이것은 오히려 불가촉천민의 의미로 굳어진 것이다. 그런데도 하리잔 출신 중에서 대통령, 장관과 국회의원등이 배출되기도 한 것이다. 이는 인도사회가 점진적으로 의식의 변화와 함께 변화해 가고 있음을 시사한다.

कमरा
꺼므라 (방)

▲ 오릿싸 주에 있는 Konark의 태양사원에 있는 마차의 차륜

4.0

रो ; क्या यह कमरा बड़ा है ?
꺄 예흐 꺼므라 벌라. 해?

सो ; जी नहीं, यह कमरा छोटा है।, लेकिन वे दो कमरे बड़े हैं।
지- 너힝, 예흐 꺼므라 초따. 해, 레'낀 웨 도 꺼므레 벌레. 행.

रो ; कमरे में क्या है ?
꺼므레 메 꺄 해?

सो ; यहाँ सिर्फ़ एक मेज़ और एक कुर्सी है,
여항 씨르프 에끄 메즈 오우르 에끄 꾸르씨- 해,

लेकिन वहाँ दो मेजें हैं और चार कुर्सियाँ हैं।
레'낀 버항 도 메젱 행 오우르 짜르 꾸르씨양 행.

이 방은 큽니까?
아닙니다, 이 방은 작습니다. 그러나 그들 두 방들은 큽니다.
방에 무엇이 있습니까?
여기에 책상과 의자가 각각 한 개 뿐입니다.
그러나 저기에 두 개 책상들과 4개 의자들이 있습니다.

4.1 단계

단어와 숙어 익히기

- कमरा
  꺼므라
  m. 방

- छोटा
  초따.
  a. 작은

- बड़ा
  벌라.
  a. 큰

- लेकिन
  레'낀
  그러나

- मेज़
  메즈
  f. 책상

- कुर्सी
  꾸르씨-
  f. 의자

- साफ़
  싸프
  a. 깨끗한

- गंदा
  건다
  a. 더러운

- अच्छा
  엇차
  a. 좋은 ; adv. 그런데, (자) 이제, 그래(요)

4.2 단계

문법 따라잡기

4.2.1. 형용사

(1) 형용사는 명사를 수식한다. 힌디에는 직격과 사격이 있다.

직격은 후치사가 없고, 사격은 후치사가 동반된 경우를 말한다. 사격에서 '-आ -아'로 끝나는 형용사가 후치사 앞에서 '-ए -에'로 변형된다. 여성명사 앞에서 '-आ -아'로 끝나는 형용사가 '-ई -이-'로 변형된다.

다만 명사는 사격에서 성과 수에 따라 변형된다.

		직격	사격	직격	사격
남성	단수	अच्छा लड़का 엇차 럴'르.까	अच्छे लड़के को 엇체 럴'르.께 꼬	अच्छा घर 엇차 거르	अच्छा घर को 엇체 거르 꼬
남성	복수	अच्छे लड़के 엇체 럴'르.께	अच्छे लड़कों को 엇체 럴르꽁 꼬	अच्छे घर 엇체 거르	अच्छे घरों को 엇체 거롱 꼬
여성	단수	अच्छी लड़की 엇치- 럴'르.끼-	अच्छी लड़की को 엇치- 럴르끼- 꼬	अच्छी पुस्तक 엇치- 뿌쓰떡	अच्छी पुस्तक को 엇치- 뿌쓰떡 꼬
여성	복수	अच्छी लड़कियाँ 엇치- 럴'르.끼양	अच्छी लड़कियों को 엇치 러르.끼용 꼬	अच्छी पुस्तकें 엇치- 뿌쓰떠껭	अच्छी पुस्तकों को 엇치- 뿌쓰떠꽁 꼬

예문

① 나는 착한 소년이다.
  मैं अच्छा लड़का हूँ।
  매- 엇차 럴'르.까 훙-.

  우리들은 착한 소년들이다.
  हम अच्छे लड़के हैं।
  험 엇체 럴'르.께 행.

② 그녀는 착한 소녀이다.
  वह अच्छी लड़की है।
  웨후 엇치- 럴'르.끼- 해.

  그녀들은 착한 소녀들이다.
  वे अच्छी लड़कियाँ हैं।
  웨 엇치- 럴'르.끼양 행.

③ 이것은 좋은 집이다.
  यह अच्छा घर है।
  예흐 엇차 거르 해.

  이들은 좋은 집들이다.
  ये अच्छे घर हैं।
  예 엇체 거르 행.

④ 그것은 훌륭한 책이다.
  वह अच्छी पुस्तक है।
  웨흐 엇치- 뿌쓰떡 해.

  그들은 훌륭한 책들이다.
  वे अच्छी पुस्तकें हैं।
  웨 엇치- 뿌쓰떠껭 행.

⑤ 당신은 좋은 집을 보고 있다.
  आप अच्छे घर को देखते हैं।
  압 엇체 거르 꼬 데크떼 행.

  당신은 좋은 집들을 보고 있다.
  आप अच्छे घरों को देखते हैं।
  압 엇체 거롱 꼬 데크떼 행.

⑥ 당신은 훌륭한 책을 읽는다.
  आप अच्छी पुस्तक को पढ़ते हैं।
  압 엇치- 뿌쓰떡 꼬 뻐르.떼 행.

  당신은 훌륭한 책들을 읽는다.
  आप अच्छी पुस्तकों को पढ़ते हैं।
  압 엇치- 뿌쓰떠꽁 꼬 뻐르.떼 행.

(2) 형용사가 서술어로도 쓰인다.

① 소년은 착하다. 소년들은 착하다.
   लड़का अच्छा है।   **लड़के अच्छे हैं।**
   럴'르.까 엇차 해.   럴'르.께 엇체 헹.

② 옷이 젖어 있다. 옷들이 젖어 있다.
   कपड़ा गीला है।   **कपड़े गीले हैं।**
   꺼쁘라. 길-라 해.   꺼쁘레. 길-레 헹.

③ 소녀는 착하다. 소녀들은 착하다.
   लड़की अच्छी है।   **लड़कियाँ अच्छी हैं।**
   럴'르.끼- 엇치- 해.   럴'르.끼양 엇치- 헹.

④ 셔츠는 파랗다. 셔츠들은 파랗다.
   कमीज़ नीली है।   **कमीजें नीली हैं।**
   꺼미-즈 닐-리'- 해.   꺼미-젱 닐-리'- 헹.

4.2.2. 명사의 복수

명사는 성과 수에 의해서 어형변화를 한다. 남성복수는 직격에서 'आ 아'로 끝나는 어휘는 '-ए 에'로 표기한다. 여성복수는 직격에서도 반드시 복수어형으로 표기해야한다. '-आ –아'와 '-ई –이-'의 모음으로 끝나는 경우,

'-आ+एँ -아+엥' (**माता** 마따 + **एँ** 엥 = **माताएँ** 마따엥)
'-ई+याँ -이+양' (**खिड़की** 킬르.까- + **याँ** 양 = **खिड़कियाँ** 킬르.끼양)
자음으로 끝나는 여성명사 ; '- 자음(+अ) + एँ' (**किताब** 끼땁 + **एँ** 엥 = **किताबें** 끼따벵)

명사가 후치사를 동반할 경우에 남성과 여성 모두 사격의 어형이 된다.

	단수(직격)	복수(직격)
남 성	**लड़का** (소년) 럴'르.까 **मकान** (집) 머깐	**लड़के** (소년들) 럴'르.께 **मकान** (집들) 머깐
여 성	**लड़की** (소녀) 럴'르.끼- **पुस्तक** (책) 뿌스떠끄	**लड़कियाँ** (소녀들) 럴'르.끼양 **पुस्तकें** (책들) 뿌쓰떠껭

	단 수		복 수	
	명사 (직격)	명+후 (사격)	명사 (직격)	명+후 (사격)
남성	कमरा 꺼므라	कमरे में 꺼므레 메	कमरे 꺼므레	कमरों में 꺼므롱 메
	मकान 머깐	मकान में 머깐 메	मकान 머깐	मकानों में 머까농 메
여성	लड़की 럴'르.끼-	लड़की को 럴'르.끼- 꼬	लड़कियाँ 럴'르.끼얏	लड़कियों को 럴'르.끼용 꼬
	पुस्तक 뿌쓰떠끄	पुस्तक को 뿌쓰떠끄 꼬	पुस्तकें 뿌쓰떠껭	पुस्तकों को 뿌쓰떠꽁 꼬

4.2.3. 대명사의 사격형

힌디에서 사격(斜格)은 명사나 대명사 및 의문사가 후치사를 만나 어형변화를 한다. '명사, 대명사와 의문사 + 후치사 = 사격'의 예들은 다음과 같다.

예문

मैं + को = मुझ को, मुझे
매- 꼬   무르ʰ 꼬, 무제ʰ

यह + को = इस को, इसे
예흐 꼬   이쓰 꼬, 이쎄

वह + को = उस को, उसे
웨흐 꼬   우쓰 꼬, 우쎄

कौन + को = किस को, किसे
꼬운 꼬   끼쓰 꼬, 끼쎄

क्या + को = किस को, किसे
꺄 꼬   끼쓰 꼬, 끼쎄

4.3 단계

표현 따라하기 🎧

4.3.1. 명사

① 새는 부리가 있다. 새는 치아들이 없다.
चिड़िया की चोंच[10] होती है। चिड़िया के दाँत नहीं होते।
찔리.야 끼- 쫑쯔 호띠- 해. 찔리.야 께 당뜨 너힝- 호떼.

② 사람의 입에 32개의 치아들이 있다.
　　आदमी के मुँह में बत्तीस दाँत होते हैं।
　　아드미- 께 뭉흐 메 벗띠-쓰 당뜨 호떼 행.

③ 사람의 귀는 둘이 있고, 두 개의 눈들이 있다.
　　आदमी के दो कान होते हैं, दो आँखें होती हैं।
　　아드미- 께 도 깐 호떼 행, 도 앙켕 호띠- 행.

④ 사람의 귀들은 작다.
　　आदमी के कान छोटे होते हैं।
　　아드미- 께 깐 초떼. 호떼 행.

⑤ 토끼의 귀들은 길다.
　　खरगोश के कान लंबे होते हैं।
　　커르고쉬 께 깐 럼'베 호떼 행.

⑥ 벽에 두 개 사진들이 있다.
　　दीवार पर दो तस्वीरें हैं।
　　디-와르 뻐르 도 떠쓰비-렝 행.

⑦ 방에 3명의 소년들이 있다.
　　कमरे में तीन लड़के हैं।
　　꺼므레 메 띤- 럴'르.께 행.

⑧ 여기에 두 소녀들이 있다.
　　यहाँ दो लड़कियाँ हैं।
　　여항 도 럴'르.끼양 행.

⑨ 방에 두 침대들이 있다.
　　कमरे में दो पलंग हैं।
　　꺼므레 메 도 뻘렁'그 행.

⑩ 책상 위에 4권의 책들이 있다.
　　मेज़ पर चार किताबें हैं।
　　메즈 뻐르 짜르 끼따벵 행.

4.3.2. 형용사

① 그 시계는 비싸다.　　　저 시계는 싸다.
　　वह घड़ी महँगी है।　　यह घड़ी सस्ती है।
　　웨흐 걸리.- 머헝기- 해.　　예흐 걸리.- 써쓰띠- 해.

알아두기　　10. f. 부리

② 이 셔츠는 새것이다.　　　　　저 셔츠는 오래된 것이다.
　　यह कमीज नई है।　　　　　**वह कमीज पुरानी है।**
　　예흐 꺼미-즈 너이- 해.　　　웨흐 꺼미-즈 뿌라니- 해.

③ 이들 망고는 좋다.　　　　　저 맹고들은 좋지 않다.
　　ये आम अच्छे हैं।　　　　　**वे आम खराब हैं।**
　　예 암 엇체 행.　　　　　　웨 암 커랍 행.

④ 이 소녀는 늘씬하다.　　　　저 소녀는 통통하다.
　　यह लड़की दुबली है।　　　**वह लड़की मोटी है।**
　　예흐 럴'르.끼- 두블리'- 해.　웨흐 럴'르.끼- 모띠.- 해.

⑤ 이 소년은 크다.　　　　　　저 소년은 작다.
　　यह लड़का बड़ा है।　　　　**वह लड़का छोटा है।**
　　예흐 럴'르.까 버라 해.　　　웨흐 럴'르.가 초따 해.

⑥ 망고는 달다.　　　　　　　이 망고는 달다.
　　आम मीठा होता है।　　　　**यह आम मीठा है।**
　　암 미-타. 호따 해.　　　　　예흐 암 미-타. 해.

⑦ 레몬은 시다.　　　　　　　이 레몬은 매우 시다.
　　नींबू खट्टा होता है।　　　　**यह नींबू बहुत खट्टा है।**
　　님-부- 컷따 호따 해.　　　　예흐 님-부- 버후뜨 컷따. 해.

⑧ 고추는 맵다.　　　　　　　그러나 이 고추는 아주 맵지 않다.
　　मिर्च तीखी होती है।　　　　**पर यह मिर्च बिल्कुल तीखी नहीं है।**
　　미르쯔 띠-키- 호띠.- 해.　　 뻐르 예흐 미르쯔 빌'꿀' 띠-키- 너힝- 해.

⑨ 까렐라는 쓰다.　　　　　　이 까렐라는 아주 쓰지 않다.
　　करेला कड़वा होता है।　　**यह करेला बहुत कड़वा नहीं है।**
　　꺼렐라' 껄르.와 호따 해.　　예흐 꺼렐라' 버후뜨 껄르.와 너힝- 해.

4.4 단계

힌디로 말하기 🎧

4.4.1. 상황 1

A : 뭘 먹고 있니?
　　क्या खा रहे हो?
　　꺄 카 러헤 호?

B : 망고 먹고 있어.
आम खा रहा हूँ।
암   카   러하 훙-.

A : 어떤 망고 야?
कौन सा आम है?
꼬운- 싸 암 해?

B : 더시허리 야.
यह दशहरी है।
예흐 더쉬허리- 해.

A : 어떻니? 달아?
कैसा है? मीठा है?
깨싸 해? 미-타. 해?

B : 아니야, 이것은 달지가 않아.
नहीं, यह मीठा नहीं है।
너힝-, 예흐 미-타. 너힝 해.

A : 더시허리 망고는 달아.
दशहरी आम तो मीठा होता है!
더쉬허리- 암 또 미-타. 호따 해.

B : 달아, 그렇지만 이것은 매우 달지 않아.
होता है, मगर यह ज़्यादा मीठा नहीं है।
호따 해, 머거르 예흐 쟈다 미-타. 너힝- 해.

4.4.2. 상황 2

C : 이곳은 시내입니다. 이것은 무갈 정원이고, 대통령궁입니다.
यह शहर है। यह मुगल गार्डन और राष्ट्रपति भवन है।
예흐 셰하르 해. 예흐 무걸' 가르던. 오우르 라쉬뜨.러뻐띠 버번 해.

D : 그런데 저것은 무엇입니까? 저것은 빌.라 사원입니까?
पर यह क्या है? क्या वह बिड़ला मंदिर है?
뻐르 웨흐 꺄 해?   꺄 웨흐 빌르.라' 먼디르 해?

C : 네, 빌라 사원입니다.
हाँ, वह बिड़ला मंदिर है।
항, 웨흐 빌.라' 먼디르 해.

D : 저것은 시장입니까?
क्या वह बाजार है?
꺄   웨흐 바자르 해?

C : 아닙니다. 시장이 아니고, 꺼나뜨쁠레스입니다.
   नहीं, वह बाजार नहीं, कनाटप्लेस है।
   너힝-, 웨흐 바자르 너힝-, 꺼나뜨.쁠레쓰 해.

4.4.3. 상황 3

| कमीज 꺼미-즈 |

E : 머던, 이 셔츠는 어때요?
   मदान, यह कमीज कैसी है ?
   머던, 예흐 꺼미-즈 깨씨- 해 ?

F : 이 셔츠가 굉장히 좋은 것입니다.
   यह कमीज बहुत अच्छी है।
   예흐 꺼미-즈 버후뜨 엇치- 해.

E : 이것의 가격은 얼마입니까?
   इसका दाम क्या है ?
   이쓰까 담 꺄 해 ?

G : 이것의 가격은 200 루삐입니다.
   इसका दाम दो सौ रुपये हैं।
   이쓰까 담 도 쏘우 루삐예 행.

E : 이것은 저 굉장히 비싸군요.
   यह बहुत महँगी है।
   예흐 버후뜨 메헝기- 해.

G : 아주 비싸지 않아요. 이것의 옷감이 매우 좋습니다.
   ज़्यादा महँगी नहीं है। इसका कपड़ा बहुत अच्छा है।
   쟈다 메헝기- 너힝- 해. 이쓰까 꺼쁘라. 버후뜨 엇차 해.

E : 그래요, 저 셔츠는 어떻습니까?
   अच्छा, वह कमीज कैसी है ?
   엇차, 웨흐 꺼미-즈 깨씨- 해 ?

G : 저 것도 좋습니다. 좀 싼 편 이지요.
   वह भी अच्छी है। कुछ सस्ती भी है।
   웨흐 비- 엇치- 해. 꾸츠 써쓰띠- 비- 해.

   저 셔츠의 가격은 150 루삐입니다.
   उसका दाम एक सौ पचास रुपये हैं।
   우쓰까 담 에끄 쏘우 뻐짜쓰 루삐예 행.

E : 마단, 두 셔츠들 중에 어느 것이 아주 좋아요?
मदन, दोनों कमीजों में कौन-सी ज़्यादा अच्छी है ?
머던, 도농 꺼미종 메 꼬운씨- 쟈다 엇치- 해 ?

F : 이 셔츠가 좋습니다.
यह कमीज अच्छी है।
예흐 꺼미-즈 엇치- 해.

● 숫자연습(31-40)
31. इकतीस 익띠-쓰 32. बत्तीस 벗띠-쓰 33. तैंतीस 땐띠-쓰
34. चौंतीस 쪼운띠-쓰 35. पैंतीस 뺀띠-쓰 36. छत्तीस 첫띠-쓰
37. सैंतीस 쌘띠-쓰 38. अड़तीस 얼르.띠-쓰 39. उनतालीस 운딸리'-쓰
40. चालीस 짤리'-쓰

4.5단계

함께 연습하기

4.5.1. 번역하기

① तीन अच्छी किताबें मेज पर हैं।
② बिड़ला मंदिर सुंदर है।
③ ये आम मीठे हैं।
④ दीवार पर एक तस्वीर है।

---

① 훌륭한 책 3권은 책상위에 있다.
② 빌라 사원은 아름답다.
③ 이들 망고들은 달다.
④ 벽위에 사진 하나가 있다.

4.5.2. 힌디로 쓰기

① 책상위에 책 한권이 있다.
② 벽위에 시계가 하나 있다.
③ 그 레몬은 시다.
④ 고추는 맵다.

① मेज़ पर एक किताब है।
② दीवार पर एक घड़ी है।
③ वह नींबू खट्टा है।
④ मिर्च तीखी है।

4.5.3. 괄호 속에 알맞은 형용사를 쓰시오.

① यह (　　　) शहर है। (새로운)
② यह (　　　) दिल्ली है। (크다)
③ यह बाज़ार (　　　) है। (작다)
④ वह केला (　　　) है। (싸다)
⑤ वह साड़ी (　　　) है। (비싸다)
⑥ वह दिल्ली (　　　) शहर है। (오래)

---

① नया ② बड़ी ③ छोटा ④ सस्ता ⑤ महँगी ⑥ पुराना

기억하기

① क्या मेज़ पर कुछ[11] है?
꺄 메즈 뻐르 꾸츠 해?

मेज पर एक कलम है।
메즈 뻐르 에끄 껄럼' 해.

नहीं, मेज पर कुछ नहीं है।
너힝-, 메즈 뻐르 꾸즈 너힝- 해.

② क्या कमरे में कोई[12] है?
꺄 꺼므레 메 꼬이- 해?

हाँ, कमरे में एक आदमी है।
항, 꺼므레 메 에끄 아드미- 해.

नहीं, कमरे में कोई नहीं है।
니힝-, 꺼므레 메 꼬이- 너힝- 해.

③ दीवार पर क्या है?
디-와르 뻐르 꺄 해?

दीवार पर एक घड़ी है।
디-와르 뻐르 에끄 걸리.- 해.

④ घड़ी कहाँ है?
걸리.- 꺼항 해?

घड़ी दीवार पर है।
걸리.- 디-와르 뻐르 해.

⑤ क्या दीवार पर कैलेंडर है?
꺄 디-와르 뻐르 깰렌'더.르 해?

नहीं, दीवार पर एक घड़ी है।
너힝-, 디-와르 뻐르 에끄 걸리.- 해.

 알아두기

11. 문법에서 부정대명사로 설명되며, 어떤 것 혹은 무엇이라는 의미는 주로 긍정문에 쓰이며, 부정문에서 아무 것이라는 뜻으로 쓰인다.
12. 부정대명사로서 어떤 사람이나 누구라는 의미로 긍정문에 쓰이고, 부정문에서 아무도라는 뜻으로 사용된다.

lekcia 5

जाओ
자오 (가세요)

▲ 아잔따 석굴로 들어가는 입구

5.0

A : मदन, बाजार जाओ।
머던, 바자르 자오.

B : बहन जी, मैं अभी नहीं जाऊँगा। मैं पढ़ रहा हूँ।
베헌 지-, 매- 어비- 너힝- 자웅-가. 매- 뻐르ʰ. 러하 훙-.

A : फिर कितने बजे जाओगे? थोड़ी देर बाद जाओगे?
피르 끼뜨네 버제 자오게? 톨리.- 데르 바드 자오게?

B : हाँ, शाम को जाऊँगा। छह बजे जाऊँगा।
항, 샴 꼬 자웅-가. 체흐 버제 자웅-가.

마단, 시장에 가라.
누나, 저는 지금 못 갈 것입니다. 저는 공부하고 있습니다.
그러면 몇 시에 가겠느냐? 조금 뒤에 가겠느냐?
예, 저녁에 가겠습니다. 6시에 가겠습니다.

5.1 단계

단어와 숙어 익히기

- **बाजार** 바자르   m. 시장
- **जी** 지-   m. 명(命), 마음 ; 존칭의 표현
- **अभी** 어비-   adv. 지금 바로
- **थोड़ा** 톨라.   a. 약간의
- **देर** 데르   f. 늦음
- **बाद** 바드   adv. 그후
- **शाम** 샴   f. 저녁

5.2 단계

문법 따라잡기

5.2.1. 미래행

미래시제는 동사어간에 접미어 '-एगा -에가'를 부가하여 나타낸다. 'एगा 에가'는 3인칭 단수에 보통 쓰인다. 즉, '**वह बोलेगा**। 웨흐 볼레가 (그는 말할 것이다.)' 이와 같이 미래형은 앞으로 일어날 행위가 분명한 경우이다.

	인 칭	남 성	여 성
단 수	1인칭 2인칭 3인칭	मैं बोलूँगा। 매- 볼룽'-가 तू बोलेगा 뚜- 볼레' 가 वह बोलेगा	मैं बोलूँगी 매- 볼룽'-기- तू बोलेगी 뚜- 볼레' 기- वह बोलेगी।

복 수	1인칭 2인칭 3인칭	हम बोलेंगे। 볼렝'게 तुम बोलोगे। 볼로'게 आप बोलेंगे। वे बोलेंगे।	हम बोलेंगी। 볼렝'기- तुम बोलोगी। 볼로'기- आप बोलेंगी। वे बोलेंगी।

5.2.2. 진행형

'रहना 레흐나'는 '머물다, 살다'라는 의미인데, 이는 진행형에 사용된다. 따라서 진행형은 원형동사+'रह 레흐의 완료동사 रहा 러하'+'होना 호나 동사'이다. 이것 (चल रहा है)은 주어의 성과 수에 따라서 변형된다.

'나는 걸어가고 있다.'라는 의미의 현재진행형의 예는 다음과 같이 제공한다.

예문

① मैं चल रहा हूँ।　　　　मैं चल रही हूँ।
　　매- 쩔'러하 훙-.　　　　매- 쩔'러히- 훙-.

② वह चल रहा है।　　　वह चल रही है।
　　웨흐 쩔'러하 해.　　　웨흐 쩔'러히- 해.

③ हम चल रहे हैं।　　　हम चल रही हैं।
　　험 쩔'러헤 행.　　　　험 쩔'러히- 행.

④ तुम चल रहे हो।　　　तुम चल रही हो।
　　뚬 쩔'러헤 호.　　　　뚬 쩔'러히- 호.

⑤ वे चल रहे हैं।　　　　वे चल रही हैं।
　　웨 쩔'러헤 행.　　　　웨 쩔'러히- 행.

다음 도표는 동사가 주어의 성과 수에 따라 활용되고 있는 것을 보여주고 있다.

	현 재	과 거
मोहन 모헌	है 해 करता है 꺼르따 해 (현재미완료) कर रहा है 꺼르 러하 해 (현재진행형)	था 타 करता था 꺼르따 타 (과거미완료) कर रहा था 꺼르 러하 타 (과거진행형)
राधा 라다ʰ	है 해 करती है 꺼르띠 해 कर रही है 꺼르 러히- 해	थी 티- करती थी 꺼르띠- 티- कर रही थी 꺼르 러히- 티-

डॉ० शर्मा 닥.떠.르 셔르마 मोहन और विमल 모헌 오우르 비멀	हैं 행 करते हैं 꺼르떼 행 कर रहे हैं 꺼르 레헤 행	थे 테 करते थे 꺼르떼 테 कर रहे थे 꺼르 레헤 테
नंदिता जी 넌디따 자 राधा और गीता 라다 오우르 기-따	हैं 행 करती हैं 꺼르띠- 행 कर रही हैं 꺼르 러히- 행	थीं 팅- करती थीं 께르띠- 팅- कर रही थीं 꺼르 러히- 팅-

5.2.3. 시간의 부사 용법

'को 꼬' 는 목적격을 나타내는 후치사인데, 특히 날짜나 요일 등에 부가되어 특정한 시간을 나타낸다.

예문

सुबह को	쑤버흐 꼬	아침에(가끔 후치사가 생략되기도 한다.)
दोपहर को	도쁘허르 꼬	정오에
शाम को	샴 꼬	저녁에
रात को	라뜨 꼬	밤에

5.3 단계

표현 따라하기

5.3.1. 진행형

A : 너는 내일 올 거지?
तुम कल आ रहे हो न?
뚬 껄' 아 러해 호 너?

예, 저는 내일 오려고 합니다.
मैं कल आ रहा हूँ।
매- 껄' 아 러하 훙-.

B : 언제 가려고 합니까? 내일 아니지요?
आप कब जा रहे हैं? कल न?
압 껍' 자 러헤 행? 껄 너?

예, 내일 바로 가려고 합니다.
हाँ, कल ही जा रहा हूँ।
항, 껄' 히- 자 러하 훙-.

① 나는 식사를 하고 있다.
 मैं खाना खा रहा हूँ।
 매- 카나 카 러하 훙-.
  मैं खाना खा रही हूँ।
  매- 카나 카 러히- 훙-.

② 우리는 마을에 가고 있다.
 हम गाँव जा रहे हैं।
 험 강우 자 러헤 행.
  हम गाँव जा रही हैं
  험 강우 자 러히- 행.

③ 아쇼끄, 너는 무슨 일을 하고 있느냐?
 अशोक, तुम क्या कर रहे हो ?
 어쇼끄, 뚬 꺄 꺼르 러헤 호 ?
  गीता, तुम क्या कर रही हो ?
  기-따, 뚬 꺄 꺼르 러히- 호 ?

④ 샤르마 씨, 당신은 무엇을 읽고 있습니까?
 शर्मा जी, आप क्या पढ़ रहे हैं ?
 셔르마 지-, 압 꺄 뻐르ʰ 러헤 행 ?
 सीता जी, आप क्या पढ़ रही हैं ?
 씨-따 지-, 압 꺄 뻐르ʰ 러히- 행 ?

⑤ 그는 트럼프 게임을 하고 있다.
 वह ताश खेल रहा है।
 웨흐 따쉬 켈' 러하 해.
  वह ताश खेल रही है।
  웨흐 따쉬 켈' 러히- 해.

⑥ 그들 두 사람은 라디오를 듣고 있다.
 वे दोनों रेडियो सुन रहे हैं।
 웨 도농 레디.요 쑨 러헤 행.
  वे दोनों रेडियो सुन रही हैं।
  웨 도농 레디.요 쑨 러히- 행.

5.3.2. 미래형

① 언제 올 것이냐?
 कब आओगे ?
 껍 아오게 ?
  조금 늦게 오겠습니다.
  थोड़ी देर में आऊँगा।
  톨리.- 데르 메 아웅-가.

② 몇 시에 올 것이냐?
 कितने बजे आओगे ?
 끼뜨네 버제 아오게 ?
  5시에 오겠습니다.
  पाँच बजे आऊँगा।
  빵쯔 버제 아웅-가.

③ 어떻게 오시겠습니까?
 कैसे आएँगे ?
 깨쎄 아앵게 ?
  택시로 오겠습니다.
  टैक्सी से आऊँगा।
  땍.씨- 쎄 아웅가.

④ 모한은 집에 혼자 있을 것이다.
 मोहन घर पर अकेला होगा।
 모헌ʰ 거르 뻐르 어껠라' 호가.

⑤ 라다는 집에 혼자 있을 것이다.
   राधा घर पर अकेली होगी।
   라다 거르 뻐르 어껠리'- 호기-.

⑥ 오늘 저녁 5시에 대학에서 연설이 있을 것이다.
   आज शाम को पाँच बजे कॉलेज में भाषण होगा।
   아즈 샴 꼬 빵쯔 버제 깔레'즈 메 바션. 호가.

⑦ 내일 아침 10시 회사에 모임이 있을 것이다.
   कल सबेरे दस बजे दफ़्तर में मीटिंग होगी।
   껄 써베레 더쓰 버제 더프떠르 메 미-팅. 호기-.

⑧ 나는 내일 너에게 돈을 줄 것이다.
   मैं कल तुम को पैसे दूँगा।
   메- 껄' 뚬 꼬 빼쎄 둥-가.

5.4 단계

힌디로 말하기

5.4.1. पढ़ना 뻐르.나 (읽다)

A : 무엇을 하고 있니?
   तुम क्या कर रहे हो ?
   뚬 꺄 꺼르 러헤 호 ?

B : 저는 책을 읽고 있습니다.
   मैं एक किताब पढ़ रहा हूँ।
   매- 에끄 끼땁 뻐르. 러하 훙-.

A : 너는 어떤 책을 읽고 있는 거야?
   तुम कौन-सी किताब पढ़ रहे हो ?
   뚬 꼬운씨- 끼땁 뻐르. 러헤 호 ?

B : 저는 고단을 읽고 있습니다.   고단은 힌디 소설입니다.
   मैं "गोदान" पढ़ रहा हूँ।   "गोदान" हिंदी का एक उपन्यास है।
   매-"고단" 뻐르. 러하 훙-.   "고단" 힌디- 까 에끄 우뻔야쓰 해.

5.4.2. कहाँ से 꺼항 쎄 (어디에서)

C : 너는 어디에서 오고 있니?
　　तुम कहाँ से आ रहे हो ?
　　　뚬　꺼항　쎄　아　러헤　호?

D : 나는 역에서 오고 있다.
　　मैं स्टेशन से आ रहा हूँ ।
　　　매-　쓰떼션　쎄　아　러하　훙-.

C : 어디로 가고 있니?
　　तुम कहाँ जा रहे हो ?
　　　뚬　꺼항　자　러헤　호?

D : 집에 가고 있다.
　　मैं घर जा रहा हूँ ।
　　　매　_h거르　자　러하　훙-.

　　너는 어디에서 오고 있느냐?
　　तुम कहाँ से आ रहे हो ?
　　　뚬　꺼항　쎄　아　러헤　호?

C : 나는 병원에서 오고 있다.
　　मैं अस्पताल से आ रही हूँ ।
　　　매-　어쓰뻐딸　쎄　아　러히-　훙-.

D : 너도 집에 가고 있니?
　　तुम भी घर जा रही हो ?
　　　뚬　_h비-　_h거르　자　러히-　호?

C : 그래, 나도 집에 가고 있다.
　　हाँ, मैं भी घर जा रही हूँ ।
　　　항,　매-　_h비-　_h거르　자　러히-　훙-.

5.4.3. फ़िल्म 필름 (영화)

E : 저녁에 좋은 영화 한 작품이 있다.　　너희들 가겠니?
　　शाम को एक अच्छी फ़िल्म है ।　　**तुम लोग चलोगे ?**
　　　샴　꼬　에끄　엇치-　필름'　해.　　뚬　로'그　쩔로'게?

F : 응, 오빠, 나 가겠어요.
　　हाँ, भैया, मैं चलूँगी ।
　　　항,　_h바이야,　맹　쩔룽'-기-.

E : 그래, 너 나와 함께 가자.
  अच्छा, तुम मेरे साथ चलो।
  엇차,   뚬 메레   싸트 쩔로'.

F : 우리들은 언제 갈 거에요?
  हम लोग कब चलेंगे ?
  험   로'그   껍   쩔렝'게 ?

E : 15분쯤 지나서 갑시다.
  दस-पंद्रह मिनट बाद चलेंगे।
  더쓰 뻔드러흐 미너뜨. 바드 쩔렝'게.

F : 오빠, 우리들은 어떻게 갈 거에요?
  भैया, हम लोग कैसे जाएँगे ?
  바이야,   험 로'그   깨쎄 자엥게.

E : 버스로 가겠습니다.
  बस से जाएँगे।
   버쓰   쎄   자엥게.

● 숫자연습 (41-50)

41. इकतालीस   익딸리'-쓰   42. बयालीस   버얄리'-쓰
43. तैंतालीस   땐딸리'-쓰   44. चौवालीस   쪼우왈리''-쓰
45. पैंतालीस   뺀딸리'-쓰   46. छियालीस   치얄리'-쓰
47. सैंतालीस   쌘딸리'-쓰   48. अड़तालीस   어르.딸리'-쓰
49. उनचास   운짜쓰   50. पचास   뻐짜쓰

5.5 단계

함께 연습하기

5.5.1. 다음 문장을 진행형으로 바꾸기.

① मोहन रोज़ क्रिकेट खेलता है।
② राधा रोज़ रेडियो पर गाना सुनती है।
③ डॉ॰ शर्मा रोज़ किताब पढ़ते हैं।
④ नंदिता जी रोज़ टी.वी. देखती हैं।
⑤ हम लोग रोज़ बाज़ार जाते हैं।

① मोहन रोज़ क्रिकेट खेल रहा है।
② राधा रोज़ रेडियो पर गाना सुन रही है।
③ डा० शर्मा रोज़ किताब पढ़ रहे हैं।
④ नंदिता जी रोज़ टी.वी. देख रही हैं।
⑤ हम लोग रोज़ बाजार जा रहे हैं।

5.5.2. 미래형으로 바꾸기.

① क्या तुम सिनेमा जाते हो ?
② क्या आप चिट्ठी लिखती हैं ?
③ क्या वह पाठ नहीं लिखता ?
④ मैं अखबार देखता हूँ / देखती हूँ।
⑤ मैं चला जाता हूँ / चली जाती हूँ।

-----

① क्या तुम सिनेमा जाओगे ?
② क्या आप चिट्ठी लिखेंगे ?
③ क्या वह पाठ नहीं लिखेगा ?
④ मैं अखबार देखूँगा / देखूँगी।
⑤ मैं चल जाऊँगा / जाऊँगी।

5.5.3. 질문에 답하기.

① वह लड़का अभी कहाँ जा रहा है ? (बाज़ार)
② वह आदमी क्या कर रहा है ? (बाज़ार से सामान लाना)
③ शर्मा कितने साल से दिल्ली में रह रहे हैं ? (दस साल)
④ नंदिता जी कब से अस्पताल में काम कर रही हैं ? (आठ साल)
⑤ मोहन किस कालेज में पढ़ रहा है ? (सरदार पटेल कालेज)

-----

① वह अभी बाज़ार जा रहा है।
② वह बाज़ार से सामान ला रहा है।
③ वे दस साल से दिल्ली में रह रहे हैं।
④ वे आठ साल से अस्पताल में काम कर रही हैं।
⑤ वह सरदार पटेल कॉलेज में पढ़ रहा है।

संयुक्त परिवार
썬육뜨 뻐리바르 (대가족)

▲ 마하뜨마 간디의 묘

6.0

गाँवों में पहले संयुक्त परिवार होते थे।
강옹 메 뻐흘레' 썬육뜨 뻐리와르 호떼 테.

माता-पिता, चाचा-चाची, दादा-दादी सब एक साथ रहते थे।
마따-삐따, 짜짜-짜찌, 다다-다디 써브 에끄 싸트 레흐떼 테.

सब काम करते थे।
썹 깜 꺼르떼 테.

सब से बड़ा आदमी परिवार का मुखिया होता था।
썹 쎄 벌라. 아드미- 뻐리와르 까 무키야 호따 타.

सब लोग उसकी बात मानते थे।
썹 로'구 우쓰끼- 바뜨 만떼 테.

आजकल परिवार का मतलब है, पति, पत्नी और बच्चे।
아즈껄 뻐리와르 까 마뜨러브 해, 뻐띠, 뻐뜨니- 오우르 벗쩨.

마을에 전에는 공동가족이 있었다.
아버지-어머님, 삼촌-숙모님, 할아버지-
할머니가 모두 함께 살았다.
모두 일했다. 가장 큰 어른이 가족의 족장이었다.
모든 사람들이 그의 말을 들었다.
요즈음 가족의 의미는 남편, 아내와 아이들이다.

6.1 단계

단어와 숙어 익히기

• **अलग-अलग** 얼러'그 얼러'그	adv. 따로따로, 단독으로
• **आज** 아즈	adv. 오늘
• **आजकल** 아즈껄'	adv. 요즈음에, 오늘날
• **गाँव** 강우	m. 마을
• **चाचा-चाची** 짜짜 짜찌-	삼촌내외
• **दादा-दादी** 다다 다디-	할아버지-할머니
• **देखभाल** 데크발	f. 돌봄, 보살핌, 보호
• **परिवार** 뻐리와르	m. 가족
• **पसंद** 뻐썬드	a. 좋아하는, f. 좋아함
• **बात** 바뜨	f. 말; 문제, 임
• **बूढ़ा** 부-라.	a. 늙은, 나이 든
• **माता-पिता** 마따 삐따	m. 엄마-아빠
• **मानना** 만느나	v. 믿다, 인정하다
• **मुखिया** 무키야	m. 지도자, 족장
• **लेकिन** 레'낀	그러나
• **संयुक्त** 썬육뜨	a. 공동의, 합동의

6.2 단계

문법 따라잡기

* 부사용법

동사에 대한 어떤 것을 표현하거나 동사를 수식하는 것을 부사라고 한다.

① 아들아, 빨리 오너라.
   बेटा, जल्दी आओ।
   베따, 절'디- 아오.

② 그는 아래로 넘어졌다.
   वह नीचे गिरा।
   웨흐 니-쩨 기라.

③ 앞으로 가거라.
   आगे चलो।
   아게 쩔로'.

여기에서 **जल्दी** 절'디-, **नीचे** 니-쩨 와 **आगे** 아게 는 부사이고, 그들은 **आओ** 아오, **गिरा** 기라 와 **चलो** 쩔로' 의 동사를 각각 수식하고 있다.
이와 같은 부사들은 양태, 시간, 장소, 수량 등의 부사들이 있다.

(1) 양태의 부사

अच्छी तरह से 엇치- 떠러흐 쎄	아주, 잘
ऐसे 애쎄	이런 식으로
कैसे 깨쎄	어떻게
जल्दी-जल्दी 절'디- 절'디-	재빨리
ठीक 티.-끄	정확하게
धीरे-धीरे 디-레 디-레	아주 천천히

(2) 시간의 부사

आज 아즈	오늘
कल 껄'	어제, 내일
परसों 빠르쏭	그저께, 내일모래
हमेशा, सदा 허메샤, 써다	항상
तुरंत, एकदम, झट 뚜런뜨, 에끄덤, 저뜨	곧, 금방
हर रोज़ 허르 로즈	매일
जब 접	언제
तब 떱	그 때에
अब 업	지금
कभी कभी 꺼비- 꺼비-	간혹
फिर 피르	다시
बार-बार 바르 바르	몇 번이고, 되풀이하여

(3) 장소의 부사

अन्दर, भीतर 언더르, 비-떠르	안쪽에
आगे 아게	앞으로
इस पार 이쓰 빠르	이 쪽으로
उस पार 우쓰 빠르	저 쪽으로

ऊपर	위로
우-빠르	
दाहिने	오른 쪽으로
다히-네	
दूर	멀리
두-르	
नजदीक	가까이에
너즈디-끄	
नीचे	아래로
니-쩨	
पास	가까이
빠쓰	
पीछे	뒤에
삐-체	
बाएँ	왼 쪽으로
바엥	
बाहर	밖에
바허르	
यहाँ	여기에
여항	
वहाँ	저기에
버항	

(4) 그 밖의 부사

आराम से	편안하게
아람 쎄	
आसानी से	쉽게
아싸니- 쎄	
इतना	이렇게 많게
이뜨나	
उतना	그렇게 많게
우뜨나	
कम	적게
껌	
कितना	얼마나 많게
끼뜨나	

कुछ 꾸츠	얼마쯤, 어느 정도
जोर से 조루 쎄	크게
झूठमूठ 주-트.무-트.	거짓으로
प्रेम से 쁘렘 쎄	애정을 기울여
बहुत 버후뜨	매우, 대단히
सचमुच 써쯔무쯔	정말

① 씨따는 밖에 나갔고, 안에는 없다.
सीता बाहर गयी है, अंदर नहीं है।
씨-따 바허르 거이- 해, 언더르 너힝- 해.

② 너는 여기서 무엇을 하고 있니?   저곳으로 가거라.
तुम यहाँ क्या करते हो ?   वहाँ जाओ।
뚬 여항 꺄 꺼르떼 호 ?   버항 자오.

③ 먼저 위를 보고, 나중에 아래를 보아라.
पहले ऊपर देखो, बाद में नीचे (देखो)।
뻬흘레' 우-뻐르 데코, 바드 메 니-쩨 (데코).

④ 학교는 여기서 멀고, 가깝지가 않다.
स्कूल यहाँ से दूर है, पास नहीं।
쓰꿀'- 여항 쎄 두-르 해, 빠쓰 너힝-.

• **인도인들의 가족관계**

인도인들은 가족관계에 대하여 중요하게 생각한다. 이는 다종교 사회라는 측면에서 다양한 사회적 관습들이 존재해 온 것으로 보인다. 인도는 부계제도사회이면서 부계제도의 친족집단으로 발전하지는 못한 것이다. 이는 가족집단제도 보다는 카스트 집단을 더 중시한 데서 온 것이다. 득남에 대한 의식은 장례식에서 화장터의 장작더미에 첫 불을 지펴주는 아들이 필요한데 있다. 집집마다 가족사당이 있는데, 여기에 힌두신들 뿐만 아니라 조상의 사진과 혈연관계가 없는 구루(스승)들의 사진들이 모셔져 있다. 족보에 대한 의식이 부족한 면으로는 인도인들이 5대 까지 조상들을 챙기고, 그 이상은 족보관리를 하는 카스트인 짜란(चारण 짜런.) 출신이 담당하기 때문이다. 그런 면에서 들여다 보면 부계의식이 우리나라와 비교해서 철저하지는 않다는 것이다.

인도에서는 특히 딸이 결혼 후에도 친정과 지속적인 관계를 유지시켜 주는 것은 남매관계이다. 혼인의식에서 발가락에 두 쌍의 고리가 있는데 하나는 남편의 것이고, 다른 하나는 남자형제의 것이 있어서 그 유대관계가 돈독함을 표시한 것이다. 따라서 출가한 여성은 아내로서 며느리로서의 역할과 친정에서 의례나 축제기간에 상징적이면서 성스러운 지위를 지닌다. 남자형제는 누이에게 지속적으로 선물을 함으로서 그 관계를 중요하게 간주한 것이다. (인도여성에서 참조한 것임)

6.3 단계

표현 따라하기

6.3.1. डा.शर्मा का परिवार 닥.떠.르 셔르마 까 뻐리와르

① 이것은 샤르마 박사의 가족이다.
   यह डॉ॰ शर्मा का परिवार है।
   예흐 닥.떠.르 셔르마 까   뻐리와르   해.

② 샤르마 박사의 아내는 난디따 샤르마 여사이다.
   डॉ॰ शर्मा की पत्नी श्रीमती नंदिता शर्मा है।
   닥.떠.르 셔르마 끼 뻐뜨니- 슈리머띠- 넌디따   셔르마   해.

③ 샤르마 박사는 난디따 샤르마 씨의 남편이다.
   डॉ॰ शर्मा नंदिता शर्मा जी के पति हैं।
   닥.떠.르 셔르마 넌디따 셔르마 지-   께   뻐띠   행.

④ 이들 두분은 부부간이다.
   ये दोनों पति-पत्नी हैं।
   예   도농   뻐띠 뻐뜨니-   행.

⑤ 이들 두 사람은 4 아이들이 있다.
   इन दोनों के चार बच्चे हैं।
   인   도농   께   짜르   벗쩨   행.

⑥ 모한, 라다, 비말과 기따는 샤르마 박사의 아이들이다.
   मोहन, राधा, विमल और गीता डॉ॰ शर्मा के बच्चे हैं।
   헌,   라다,   비멀'   오우르   기-따 닥.떠.르 셔르마 께   벗쩨   행.

6.3.2. दो लड़के 도 럴르께

① 샤르마 박사는 두 아들, 모한과 비말이 있다.
   डॉ. शर्मा के दो लड़के हैं, मोहन और विमल।
   닥.떠.르 셔르마 께 도 럴'르.께 행, 모헌 오우르 비멀'

② 셔르마 박사는 두 딸, 라다와 기-따가 있다.
   डॉ. शर्मा की दो लड़कियाँ हैं, राधा और गीता।
   닥.떠.르 셔르마 끼 도 럴'르.끼양 행, 라다 오우르 기-따.

③ 모한은 라다의 남자형제이다.
   मोहन राधा का भाई है।
   모헌 라다 까 바이- 해.

④ 라다는 모한의 여자 형제이다.
   राधा मोहन की बहन है।
   라다 모헌 끼- 베헌 해.

⑤ 모한과 라다는 남매간이다.
   मोहन और राधा भाई-बहन हैं।
   모헌 오우르 라다 바이-베헌 행.

⑥ 비말도 라다의 남자형제이다.
   विमल भी राधा का भाई है।
   비멀' 비- 라다 까 바이- 해.

⑦ 비말과 라다도 남매간이다.
   विमल और राधा भी भाई-बहन हैं।
   비멀' 오우르 라다 비- 바이- 베헌 행.

6.3.3. बड़ी बहन 벌리.- 베헌

① 라다는 비말의 큰 누이이다.
   राधा विमल की बड़ी बहन है।
   라다 비멀' 끼- 벌리.- 베헌 해.

② 모한은 라다의 큰 오빠이다.
   मोहन राधा का बड़ा भाई है।
   모헌 라다 까 벌라. 바이- 해.

③ 기따는 비멀의 작은 누이이다.
   गीता विमल की छोटी बहन है।
   기-따 비멀' 끼- 초띠..-베헌 해.

④ 비말은 라다의 작은 남자형제이다.
   विमल राधा का छोटा भाई है।
   비멀' 라다 까 초따. 바이- 해.

⑤ 라다와 기따는 자매들이다.
   राधा और गीता बहनें हैं।
   라다 오우르 기-따 베헤넹 행.

⑥ 라다는 비말의 누이이다.
   राधा विमल की बहन है।
   라다 비멀' 끼- 베헌 해.

⑦ 기따도 비말의 누이이다.
   गीता भी विमल की बहन है।
   기-따 비- 비멀' 끼- 베헌 해.

6.4 단계

힌디로 말하기

6.4.1. मोहन 모헌

A : शर्मा जी, आपका बड़ा लड़का मोहन क्या करता है?
    셔르마 지-, 압까 벌라. 럴'르.까 모헌 꺄 꺼르따 해?

B : वह कॉलेज में पढ़ता है। वह एम.ए. का छात्र है।
    웨흐 깔레'즈 메 빠르.따 해. 웨흐 엠.에. 까 차뜨르 해.

A : वह किस कॉलेज में पढ़ता है?
    웨흐 끼쓰 깔레'즈 메 빠르.따 해?

B : वह सरदार पटेल कॉलेज में पढ़ता है।
    웨흐 써르다르 빠뗄' 깔레'즈 메 빠르.따 해.

A : 샤르마 씨, 큰 아들 모한은 무슨 일을 합니까?
B : 그 아이는 대학에 다녀요. 계는 대학원 학생입니다.
A : 어느 대학에서 공부하고 있습니까?
B : 그 아이는 싸르다르 빠뗄 대학에서 공부하고 있습니다.

6.4.2. राधा 라다

C : आप की लड़की राधा क्या करती है?
　　압　끼-　럴'르.　끼-라다　꺄　꺼르띠-　해?

D : वह बी.ए. में पढ़ती है।
　　웨흐　비-.에.　메　빠르띠-　해.

C : क्या वह भी सरदार पटेल कॉलेज में पढ़ती है?
　　꺄　웨흐　비-　싸르다르　빠뗄.　깔레'즈　메　빠르.띠-　해?

D : नहीं, वह कमला नेहरू कॉलेज में पढ़ती है।
　　너힝-,　웨흐　꺼믈라'　네헤루-　깔레'즈　메　빠르.띠-　해.

C : आप के और बच्चे कहाँ पढ़ते हैं?
　　압께　오우르　벗쩨　꺼항　　빠르.떼 행?

D : विमल और गीता अदर्श विद्यालय में पढ़ते हैं।
　　비멀'　오우르　기-따　아더르쉬　비달러여　메　빠르.떼 행.
　　विमल कक्षा दस का छात्र है। गीता कक्षा नौ की छात्रा है।
　　비멀'　꺽샤　더쓰　까　차뜨러　해.　기-따　꺽샤　노우　끼-　차뜨라 해.

C : 당신 딸 라다는 무슨 일을 합니까?
D : 그 아이는 학부에서 공부합니다.
C : 그 따님도 싸르다르 대학에 다닙니까?
D : 아닙니다. 그는 까믈라 대학에 다닙니다.
C : 그 밖의 아이들은 어디에서 공부합니까?
D : 비말과 기따는 아다르쉬 학교에서 공부합니다.
　　　비말은 10학년이고, 라다는 9학년입니다.

가계도

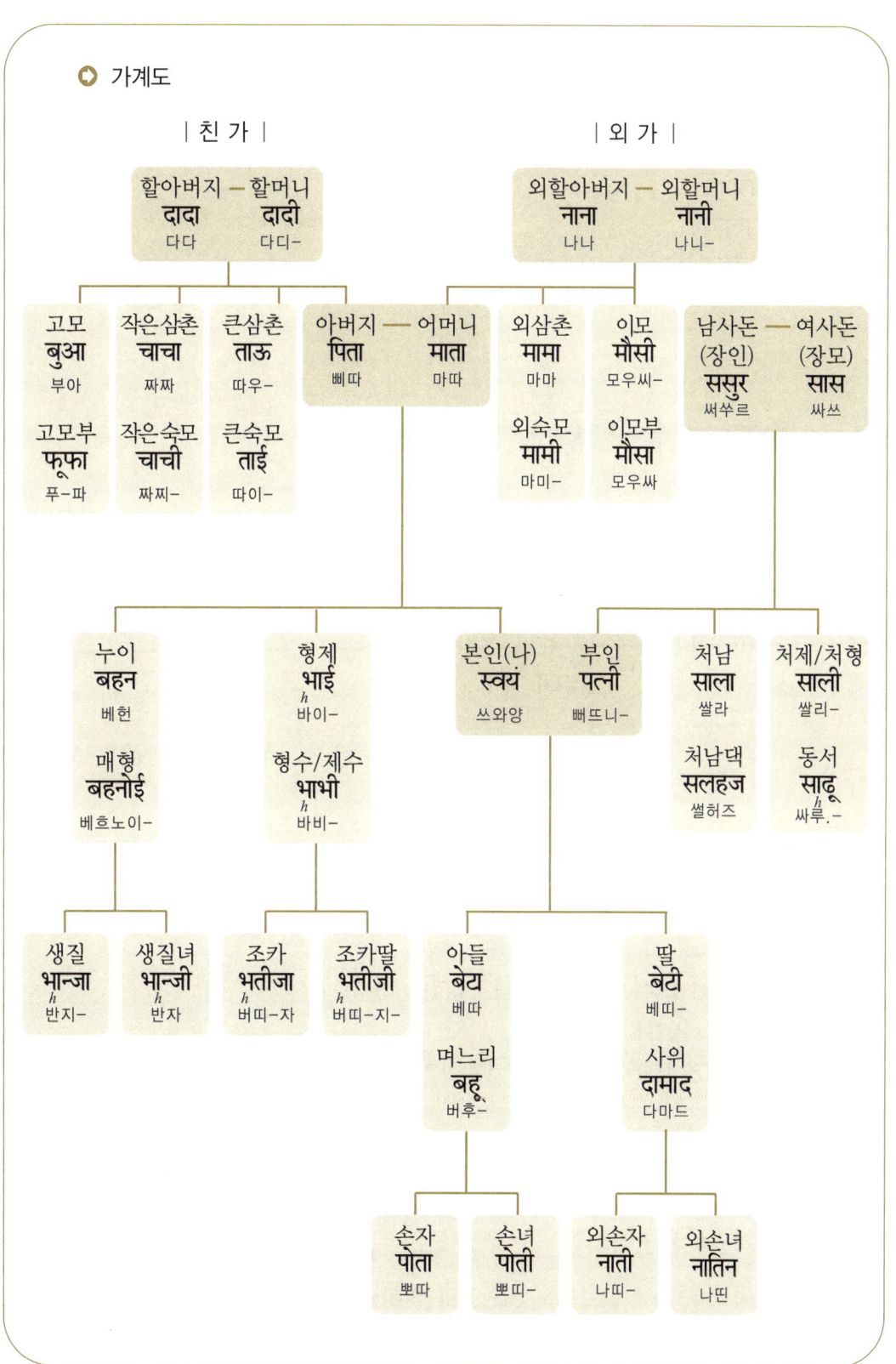

◆ 숫자연습 (51-60)

51. इक्यावन	이꺄번	52. बावन	바번
53. तिरपन	띠르뻔	54. चौवन	쪼우번
55. पचपन	뻐쯔뻔	56. छप्पन	첩뻔
57. सत्तावन	쎘따번	58. अट्ठावन	엇타.번
59. उनसठ	운써트.	60. साठ	싸트.

6.5 단계

함께 연습하기

6.5.1. 괄호 속에 부사를 넣으시오.

① बच्चा (　　　) खाता है। (많이)
② लड़की (　　　) जाती है। (빨리)
③ पिता जी (　　　) चलते हैं। (천천히)
④ मैं इसे (　　　) देखा हूँ। (신중하게)

----

① बहुत   ② जल्दी   ③ धीरे   ④ ध्यान से

6.5.2. 힌디로 옮기시오.

① 집은 학교 가까이에 있다. (**नजदीक, पास**)
② 모한과 씨따는 남매간이다. (**भाई-बहन**)
③ 할머니와 할아버지께서 오신다. (**दादी, दादा**)
④ 나는 밖에 갔다. (**बाहर**)
⑤ 두 사람은 남편과 아내이다. (**पति-पत्नी**)

----

① घर स्कूल के पास है।
② मोहन और सीता भाई-बहन हैं।
③ दादी और दादा आते हैं।
④ मैं बाहर गया।
⑤ दोनों पत्नी-पति हैं।

सात बजे उठता हूँ।

싸뜨 버제 우트.따 훙-.
(7시에 일어난다.)

▲ 아잔따 석굴의 벽화

7.0

मैं रोज़ सुबह सात बजे उठता हूँ।
매- 로즈 쑤버흐 싸뜨 버제 우트.따 훙-.

उठकर दांत साफ़ करता हूँ।
우트꺼르 단뜨 싸프 꺼르따 훙-.

और हाथ-मुँह धोता हूँ।
오우르 하트.-뭉흐 도따 훙-.

हाथ-मुँह धोने के बाद मैं नहाता हूँ।
하트-뭉흐 도네 께 바드 매- 너하따 훙-.

नहाने के बाद नाश्ता करता हूँ।
너하네 께 바드 나시따 꺼르따 훙-.

फिर समाचार-पत्र पढ़ता हूँ।
피르 써마짜르-뻐뜨러 뻐르.따 훙-.

इतने में साढ़े दस बज जाते हैं।
이뜨네 메 싸레. 더쓰 버즈 자떼 행.

और कॉलेज जाने के समय हो जाता है।
오우르 깔레'즈 자네 께 써머여 호 자따 해.

나는 매일 아침 7시에 일어난다.
일어나서 이를 닦고,
세수를 한다.
세수를 한 후에 샤워를 한다.

샤워를 한 후에 아침식사를 한다.
그 다음에 신문을 읽는다.
그럭저럭 10시 반이 된다.
그리고 학교에 갈 시간이 된다.

7.1 단계

단어와 숙어 익히기

- **उठना**
  우트.나
  v. 일어나다

- **दांत**
  당뜨
  m. 치아

- **धोना**
  도나
  v. 닦다, 빨래하다

- **नहाना**
  너하나
  v. 목욕하다

- **बजना**
  버즈나
  v. (종이나 악기 등을) 울리다

- **बाद**
  바드
  ad. 후에, 뒤에

- **मुँह**
  뭉흐
  m. 얼굴

- **रोज़**
  로즈
  m., ad. 날, 매일

- **साढ़े**
  싸레.
  a. 2분의 1

- **साफ**
  싸프
  a. 깨끗한, 선명한

- **सुबह**
  쑤버흐
  f., ad. 아침, 아침에

- **हाथ**
  하트
  m. 손

7.2 단계

문법 따라잡기

7.2.1. 현재미완료시제

현재미완료는 완료되지 않은 상태의 동작을 나타내는 것으로 보편적이고 습관적 사실의 행위를 표현한다.

예문

जाता है 자따 해

그것은 주어의 성과 수에 따라 어형 변화한다. 현재미완료시제가 부정문에 쓰일 때, '호나 होना 동사 (है 해, हैं 행)'가 생략된다.

예문

जाता नहीं 자따 너힝-   नहीं जातीं 너힝- 자띵-

다만 여성명사가 복수일 때, 현재분사는 복수로 해 준다.

	주 어	긍정문	부정문
단 수	मोहन	पढ़ता है। 뻐르.따 해	नहीं पढ़ता 너힝- 뻐르.따
	राधा	पढ़ती है। 뻐르.띠- 해	नहीं पढ़ती 너힝- 뻐르.띠-
복 수 (존칭어형은 복수로 나타낸다.)	श्री* रमेश मोहन और अहमद श्रीमती** शारदा राधा और सीता	पढ़ते हैं। 뻐르.떼 행 पढ़ते हैं। पढ़ती हैं। पढ़ती हैं।	नहीं पढ़ते। नहीं पढ़ते। नहीं पढ़तीं 뻐르.띵- नहीं पढ़तीं।

*슈리- m. 씨, 님   **슈리-머띠 f. (~씨) 부인, 여사

7.2.2. कर 용법

(1) 동사원형에 कर '꺼르'를 부가하여 독립분사구를 만든다.

그 의미는 '-하고 나서, 한 후에'라는 의미가 된다. 'जाकर 자꺼르' (가고 나서),

'आकर 아꺼르' (오고 나서), 'गाकर 가꺼르' (노래하고 나서) 등은 이전 행위를 표현하는데 자주 사용한다. '원형동사 + कर 꺼르' 대신에 'के बाद 께 바드' (- 이후에, 뒤에)를 간혹 사용한다.

예문

① 그는 귀가하여 공부한다.
  वह घर जाकर पढ़ता है।
  웨흐 거르 자 꺼르 뻐르.따 해.

② 그녀는 여기에 와서 본다.
  वह यहाँ आकर देखती है।
  웨흐 여항- 아 꺼르 데크띠- 해.

③ 너는 뛰어서 어디로 가고 있니?
  तुम दौड़कर कहाँ जा रहे हो?
  뚬 도울르.꺼르 꺼항- 자 러해 호?

④ 우리는 일어나서 세수한다.
  हम उठकर हाथ-मुँह धोते हैं।
  험 우트.꺼르 하트-뭉흐 도떼 행-.

(2) 관용어적 용법으로 사용되는 경우는 다음과 같다.

① 앞으로
  आगे चलकर
  아게 쩔 꺼르

② 하나씩 하나씩
  एक-एक करके
  에끄-에끄 꺼르께

③ 친절하게
  कृपा करके
  끄리빠 꺼르께

④ 친절하게
  मेहरबानी करके
  메허르바니- 꺼르께

⑤ 특별히
  खास कर
  카쓰 꺼르

⑥ 특별하게
विशेष कर
비셰시 꺼르

⑦ 다리를 거쳐 오는
पुल होकर आना
뿔' 호 꺼르 아나

⑧ 우월한, 나은
बढ़कर
버르ʰ. 꺼르

⑨ 아마 십중팔구는
बहुत करके
버후뜨 꺼르께

⑩ 모두 함께
सब मिलकर
썹 밀' 꺼르

7.2.3. 시간

시간을 표현할 때, '**बजना** 버즈나' 동사에서 파생된 '**बजा** 버자'는 시간을 나타낸다. 2시 이상의 시간을 '**बजे** 버제'로 표현한다.

(1) 몇 시 입니까 ?

① **क्या बजा है ?**
꺄 버자 해 ?

지금 1시이다.
अभी एक बजा है।
어비ʰ- 에끄 버자 해.

② **क्या समय है ?**
꺄 써머여 해 ?

지금 2시이다.
अभी दो बजे हैं।
어비ʰ- 도 버제 행.

③ क्या वक़्त है ?
　　꺄　웍뜨 해 ?

지금 4시이다.
अभी चार बजे हैं।
　어비-　짜르　버제　행.

④ कितने बजे हैं ?
　끄뜨네 버제 행 ?

지금 3시이다.
अभी तीन बजे हैं।
　어비-　띤-　버제　행.

(2) 다양한 시간의 표현

① 5시 20분
पांच बजकर बीस मिनट हुए हैं।
　빤쯔　버즈꺼르　비-쓰　미너뜨　후에　행.

② 4시 10분전
चार में दस मिनट (कम) हैं।
　짜르　메　더쓰　미너뜨　껌　행.

③ 4시 20분
चार बजने में बीस मिनट हुए हैं।
　짜르　버즈네　메　비-쓰　미너뜨　후에　행.

④ 1시 15분
सवा बजा है।
　써와　버자　해.

⑤ 3시 15분
सवा तीन बजे हैं।
　써와　띤-　버제　행.

⑥ 1시 30분
डेढ़ बजा है।
　데.르.　버자　해.

⑦ 2시 30분
ढाई बजे हैं।
　다.이-　버제　행.

⑧ 1시 45분

पौने दो बजे हैं।

뽀우네 도 버제 행.

⑨ 4시 45분

पौने पांच बजे हैं।

뽀우네 빵쯔 버제 행.

7.3 단계

표현 따라하기

* 시간

7.3.1. (지금) 몇 시 입니까?

① (अभी) कितने बजे हैं?
(어비-) 끼뜨네 버제 행?

② (अभी) क्या समय है?
(어비-) 꺄 써머여 해?

③ (अभी) क्या बजा है?
(어비-) 꺄 버자 해?

④ समय क्या है?
써머여 꺄 해?

⑤ क्या वक्त हुआ है?
꺄 워뜨 후아 해?

7.3.2. 시간표현의 모형

① 그 남자는 7시에 식사를 한다.

वह सात बजे खाना खाता है।

웨흐 싸뜨 버제 카나 카따 해.

② 그 남자는 정각 7시에 식사를 한다.

वह ठीक सात बजे खाना खाता है।

웨흐 티-끄 싸뜨 버제 카나 카따 해.

③ 그 남자는 7시 경에 식사를 한다.

वह करीब सात बजे खाना खाता है।

웨흐 꺼립- 싸뜨 버제 카나 카따 해.

④ 그 여자는 7시 20분에 식사를 한다.
   वह सात बजकर बीस मिनट पर खाना खाती है।
   웨흐 싸뜨 버즈꺼르 비-쓰 미너뜨. 뻐르 카나 카띠- 해.

⑤ 그 여자는 7시 20분 전에 식사를 한다.
   वह सात बजने में बीस मिनट पर खाना खाती है।
   웨흐 싸뜨 버즈네 메 비-쓰 미너뜨. 뻐르 카나 카띠- 해.

⑥ 그 여자는 7시 반에 식사를 한다.
   वह साढ़े सात बजे खाना खाती है।
   웨흐 싸-레. 싸뜨 버제 카나 카띠- 해.

7.3.3. 시간에 대한 대화

① 지금 6시 입니까?
   क्या अभी छह बजे हैं ?
   꺄 어비- 체흐 버제 행?

   예, 지금 정각 6시입니다.
   हाँ, अभी ठीक छह बजे हैं।
   항, 어비- 티-끄 체흐 버제 행.

② 너의 시계로는 몇 시이냐?
   तुम्हारी घड़ी में क्या बजा है ?
   뚬하리- 걸리.- 메 꺄 바자 해?

   내 시계는 5시 10분 전이다.
   मेरी घड़ी में पांच बजने में दस मिनट कम है।
   메리- 걸리.- 메 빤쯔 버즈네 메 더쓰 미너뜨. 껌 해.

③ 지금 7시가 안닌가요?
   क्या अभी सात नहीं बजे हैं ?
   꺄 어비- 싸뜨 너힝- 버제 행?

   아니오, 지금 7시 10분전이다.
   नहीं, अभी सात बजने में दस मिनट कम है।
   너힝-, 어비- 싸뜨 버즈네 메 더쓰 미너뜨. 껌 행.

   아니오, 지금 6시 50분이다.
   नहीं, अभी छह पचास है।
   너힝-, 어비- 체흐 뻐짜쓰 해.

7.4단계

힌디로 말하기

7.4.1. 시계를 갖고 있나요?

A : 시계를 갖고 계십니까?
आप के पास घड़ी है ?
압 께 빠쓰 걸리.- 해 ?

B : 네, 저는 손목시계를 지니고 있습니다.
जी हाँ, मेरे पास हाथ की घड़ी है।
지- 항-, 메레 빠쓰 하트 끼- 걸리.- 해.

A : 몇 시입니까?
कितने बजे हैं ?
끼뜨네 버제 행-?

B : 지금 3시 45분입니다.
अभी पौने चार बजे हैं।
어비- 뽀우네 따르 버제 행-.

A : 어딘 가에 가셔야 합니까?
आप को कहीं जाना है ?
압 꼬 꺼힝- 자나 해 ?

B : 아닙니다. 저는 4시 15분에 친구를 만나야 합니다.
जी नहीं, मुझे सवा चार बजे एक मित्र से मिलना है।
지- 너힝-, 무제 써와 짜르 버제 에끄 미뜨러 쎄 밀'르나 해.

7.4.2. 언제 가니?

C : 언제 대학에 가니?
तुम कॉलेज कब जाते हो ?
뚬 깔레'즈 껍 자떼 호 ?

D : 아침 식사를 하고 간다.   너는 언제 가니?
मैं नाश्ता करके जाता हूँ।   तुम कब जाती हो ?
맹- 나시따 꺼르께 자따 훙-.   뚬 껍 자띠- 호 ?

C : 나는 아침 7시 반에 간다.
　　मैं सवेरे साढ़े सात बजे जाती हूँ।
　　매- 써베레 싸레. 싸뜨 버제 짜띠- 훙-.

D : 넌 어떻게 가니? 버스로?
　　तुम कैसे जाते हो ? बस से ?
　　뚬 께쎄 자떼 호? 버쓰 쎄?

C : 아니, 걸어서 간다.
　　नहीं, मैं पैदल जाता हूँ।
　　너힝-, 매- 빼덜' 자따 훙-.

7.4.3. 자기소개

① 르 샤르마 박사이다.
　　मैं डॉ॰ शंकर शर्मा हूँ।
　　매- 닥.떠.르. 셩꺼르 셔르마 훙-.

② 나는 너우바라뜨 대학에서 영어의 교수이다.
　　मैं नवभारत कॉलेज में अंग्रेजी का प्रोफेसर हूँ।
　　매- 너브바러뜨 깔레'즈 메 엥그레지- 까 쁘로페써르 훙-.

③ 내 집은 간디 마을에 있다.
　　मेरा घर गांधी नगर में है।
　　메라 거르 간디- 너거르 메 해.

④ 모한은 내 아들이고, 라다는 내 딸이다.
　　मोहन मेरा लड़का है, राधा मेरी लड़की है।
　　모헌 메라 럴'르.까 해, 라다 메리- 럴'르.끼- 해.

⑤ 내 아내의 이름은 난디따 샤르마이다.
　　मेरी पत्नी का नाम नंदिता शर्मा है।
　　메리- 뻐뜨니- 까 남 넌디따 셔르마 해.

⑥ 라힘씨는 내 이웃이다.
　　श्री रहीम मेरे पड़ोसी हैं।
　　슈리- 러힘- 메레 뻘로.씨- 행.

⑦ 그 분도 너우바라뜨 대학에서 우르드어의 교수이다.
　　वे भी नवभारत कॉलेज में उर्दू के प्रोफेसर हैं।
　　웨 비- 너브바러뜨 깔레'즈 메 우르두- 께 쁘로페써르 행.

⑧ 우리 둘 모두 같은 대학에 있다.
   हम दोनों एक ही कॉलेज में हैं।
   험   도농   에끄 히- 깔레'즈 멩   행.

● 숫자연습 (61-70)

61. इकसठ   이끄써트.   62. बासठ   바써트.
63. तिरसठ   띠르써트.   64. चौंसठ   쪼운써트.
65. पैंसठ   뺀써트.   66. छियासठ   치야써트.
67. सड़सठ   써르.써트.   68. अड़सठ   얼르.써트.
69. उनहत्तर 운헛떠르   70. सत्तर   썼따르

7.5 단계

함께 연습하기

7.5.1. 다음 문장을 부정문으로 만드시오.

① मैं खाना खाता हूँ।
② तुम दफ़्तर जाते हो।
③ आप कुछ सामान खरीदते हैं।
④ वह स्कूल जाती है।
⑤ वे घर में काम करती हैं।

---

① मैं खाना नहीं खाता।
② तुम दफ़्तर नहीं जाते।
③ आप कुछ सामान नहीं खरीदते।
④ वह स्कूल नहीं जाती।
⑤ वे घर में काम नहीं करतीं।

7.5.2. 다음을 힌디로 쓰시오.

① 1시이다.
② 4시이다.
③ 3시 30분이다.
④ 5시 20분이다.
⑤ 6시 15분이다.

---

① एक बजा है।
② चार बजे हैं।
③ साढ़े तीन बजे हैं।
④ पाँच बजकर बीस मिनट हुआ है।
⑤ सवा छह बजे हैं।

lekcia 8

नाश्ता
나시따(아침식사)

▶ 따즈마할
무갈제국의 황제 샤흐자한이 야무나 강변에 20년 간에 걸쳐서 1653년에 완공.

8.0 🎧

मोहन कल सवेरे सात बजे उठा।
모헌 껄' 써베레 싸뜨 버제 우타..

नाश्ते के बाद उस ने अपने एक दोस्त को एक चिट्ठी लिखी।
나쉬떼 께 바드 우쓰 네 어쁘네 에끄 도쓰뜨 꼬 에끄 찟티.- 리'키-.

करीब नौ बजे वह कॉलेज गया।
꺼립- 노우 버제 웨흐 깔레'즈 거야.

कल हरिराम बीमार था।
껄' 허리람   비-마르 타.

राधा ने ही घर का सारा काम किया।
라다ʰ 네 히- 거ʰ르 까 싸라 깜   끼야.

उसने उठकर चाय बनायी और सबको चाय पिलायी।
우쓰네 우트.꺼르 짜이 버나이- 오우르 썹꼬 짜이 삘라'이-.

बाद में उसने पराँठे बनाये और सबको पराँठे खिलाये।
바드 메 우쓰네 뻐란테.버나예 오우르 썹꼬 뻐란테.킬라.예.

모한은 어제 새벽에 7시에 일어났다.
아침식사 후에 그는 한 친구에게 편지를 썼다.
9시쯤에 대학에 갔다.
어제 허리람은 아팠다.
라다도 집의 모든 일을 했다.
그녀는 일어나서 차를 끓여서 모두에게 차를 마시게 했다.
다음에 그는 뻐라테를 만들어서 모두에게 먹였다.

8.1 단계

단어와 숙어 익히기

- **कल**
  껄'
  m., adv. 어제; 내일

- **सवेरे**
  써베레
  adv. 일찍

- **फिर**
  피르
  adv. 다시

- **चाय**
  짜이
  f. 차

- **पीना**
  삐-나
  v. 마시다

- **थोड़ा**
  톨라.
  a. 약간의, 다소의

- **देर**
  데르
  f. 지연, 지체

- **अखबार**
  어크바르
  m. 신문

- **साढ़े**
  싸레.
  a. 2분의 1, 반

- **बजे**
  버제
  adv. (시간의) -시

- **नाश्ता**
  나쉬따
  m. 조반, 아침식사

- **सारा**
  싸라
  a. 전체의

- **पिलाना**
  삘라'나
  v. 마시게 하다

- **दोस्त**
  도쓰뜨
  m. 친구

- **चिट्ठी**
  찟티.-
  f. 편지

- **बीमार**
  비-마르
  a. 아픈 m. 환자

- **बनाना**
  버나나
- **पराँठा**
  빠란타.

v. 만들다

m. 기름에 두 겹으로 얇게 구운 인도식 팬케이크
(야채, 콩이나 감자 등을 넣기도 한다.)

8.2 단계

문법 따라잡기

8.2.1. 단순과거시제

| 동사원형 + आ 아 ; 단순과거 |

모음으로 끝나는 동사가 '-आ 아'를 만나 과거 동사어간 '-य्- 여/야'가 부가된다. 이것은 'जा + य् + आ = जाया'와 같이 과거형이 된다.

동 사	남 성	여 성
आ 아 오다	आ + य् + आ ; आया, आये 아야, 아예	आयी, आयीं 아이-, 이잉-
दे 데 주다	दे + य् + आ ; दिया, दिये 디야, 디예	दी, दीं 디-, 딩-
ले 레' 받다	ले + य् + आ ; लिया, लिये 리'야, 리'예	ली, लीं 리'-, 링'-

8.2.2. 'ने 네' 용법

동사가 목적격을 수반한 타동사이면서 과거시제인 경우에 사용된다. 과거시제는 미완료시제가 아닌 완료시제이다. 'ने 네'는 주어에 부가되기 때문에 동사는 목적어의 성과 수에 따라 활용된다. 완료형 동사는 단순과거시제 (लिखा 리'카), 현재완료시제 (लिखा है 리'카 해), 과거완료시제 (लिखा था 리'카 타) 와 미래완료시제 (लिखा होगा 리'카 호가) 가 있다.

주어와 목적어에 후치사가 오면, 동사는 주어와 목적어에 의해 활용되지 않고, 남성. 단수. 3인칭으로 활용된다. 예를 들면, 다음과 같다.

| 주어 + ने 네 타동사의 과거완료형 (+है 해, था 타, होगा 호가) |

예문

① 씨따는 이 편지를 썼다.
सीता ने यह पत्र लिखा। | 단순과거 |
씨-따 네 예흐 빠뜨러 리'카.

씨따는 이들 편지들을 썼다.
सीता ने ये पत्र लिखे।
씨-따 네 예 빠뜨러 리'케.

② 씨따는 이 편지를 써왔다.
सीता ने यह पत्र लिखा है। | 현재완료 |
씨-따 네 예흐 빠뜨러 리'카 해.

씨따는 이들 편지들을 써왔다.
सीता ने ये पत्र लिखे हैं।
씨타 네 예 빠뜨러 리'케 행-.

③ 씨따는 이 편지를 썼었다.
सीता ने यह पत्र लिखा था। | 과거완료 |
씨-따 네 예흐 빠뜨러 리'카 타.

따는 이들 편지들을 썼었다.
सीता ने ये पत्र लिखे थे।
씨-따 네 예 빠뜨러 리'케 테.

④ 씨따는 이 편지를 썼을 것이다.
सीता ने यह पत्र लिखा होगा। | 미래완료 |
씨-따 네 예흐 빠뜨러 리'카 호가.

따는 이들 편지들을 썼을 것이다.
सीता ने ये पत्र लिखे होंगे।
씨-따 네 예 빠뜨러 리'케 홍게.

8.2.3.

타동사이면서 완료시제인데도, '**ने** 네' 용법이 쓰여지지 않은 경우가 있다. **लाना** (라'나 ; 가져오다), **बोलना** (볼르'나 ; 말하다)와 **भूलना** (불-르'나 ; 잊어버리다) 등의 동사들이다. 그 밖에 동사가 과거시제인데도 불구하고, 현재분사 (**लिखा था** 리'크따 타), 진행형 (**लिख रहा था** 리'크 러하 타) 과 습관적 시제 (**लिखा किया** 리'카 끼야) 의 용법에서 **ने** 네' 용법이 쓰이지 않는다.

예를 들면, 다음과 같다.

① 이 편지를 누가 가져 왔습니까?
यह पत्र कौन लाया ?
예흐 뻐뜨러 꼬운 라'야 ?

② 람은 거짓말을 했다.
राम झूठ बोला।
람 주-트. 볼라.

③ 나는 모든 것을 잊어버렸다.
मैं सब कुछ भूल गया।
맹- 썹 꾸츠 불- 거야.

④ 씨따는 이 편지를 썼다.
सीता यह पत्र लिखती थी।
씨-따 예흐 뻐뜨러 리'크띠- 티-.

⑤ 씨따는 이 편지들을 쓰고 있었다.
सीता ये पत्र लिख रही थी।
씨-따 예 뻐뜨러 리'크 러히- 티-.

⑥ 씨따는 이 편지를 쓰곤 했다. (했을 것이다)
सीता यह पत्र लिखा करती। (है, थी, होगी) ?
씨-따 예흐 뻐뜨러 리'카 꺼르띠-. (해, 티-, 호기) ?

⑦ 람은 그 이야기를 들려 주었다.
रामने वह कहानी सुनाई।
람네 웨흐 꺼하니- 쑤나이-.

⑧ 람은 그들 이야기들을 듣고 있었다.
राम वे कहानियाँ सुन रहा था।
람 웨 꺼하니양- 쑨 러하 타.

⑨ 람은 그 이야기를 듣곤 하였다.
राम वह कहानी सुना करता। (है, था, होगा) ?
람 웨흐 꺼하니- 쑤나 꺼르따. (해, 타, 호가) ?

8.3 단계

표현 따라하기

8.3.1. बाज़ार 바자르 (시장)

① 어제 저녁에 나는 시장에 갔다.
　　कल शाम को मैं बाज़ार गया।
　　껄' 샴 꼬 매- 바자르 거야.

② 나는 차 한 봉지를 샀다.
　　मैंने चाय का एक पैकेट खरीदा।
　　매-네 짜이 까 에끄 빼께뜨. 커리-다.

③ 나는 집의 얼마의 옷감을 샀다.
　　मैंने घर के कुछ कपड़े खरीदे।
　　매-네 거르 께 꾸츠 꺼쁠레' 커리-데.

④ 나는 힌디 책 한권을 샀다.
　　मैंने हिंदी की एक किताब खरीदी।
　　매-네 힌디- 끼- 에끄 끼따브 커리-디-.

⑤ 나는 자신을 위하여 셔츠 두 벌을 샀다.
　　मैंने अपने लिए दो कमीज़ें खरीदीं।
　　매-네 어쁘네 리'에 도 꺼미-젱 커리-딩-.

8.3.2. पार्टी 빠르띠.- (파티)

① 어제 비말의 집에 파티가 있었다.
　　कल विमल के घर पार्टी थी।
　　껄' 비멀' 께 거르 빠르띠.- 티-.

② 파티에 나는 랏두를 먹었다.
　　पार्टी में मैंने एक लड्डू खाया।
　　빠르띠. 메- 매-네 에끄 럿'두.- 카야.

③ 그 다음에 나는 두 개의 써모쎄도 먹었다.
　　उसके बाद मैंने दो समोसे भी खाये।
　　우쓰께 바드 매-네 도 써모쎄 비- 카예.

④ 나중에 나는 차를 조금 마셨다.
बाद में मैंने थोड़ी-सी चाय पी।
바드 메- 매-네 톨리.-씨- 짜이 삐-.

⑤ 결국에 모두 리치를 먹었다.
आखिर में सबने लीचियाँ खायीं।
아키르 메- 써브네 리'-찌얀- 카잉-.

⑥ 나는 리치를 먹지 않았다.
मैंने लीची नहीं खायी।
매-네 리'-찌- 너힝- 카이-.

⑦ 왜냐하면 리치를 좋아하지 않기 때문이다.
क्योंकि मुझे लीची अच्छी नहीं लगती।
끙끼 무제 리'-찌- 엇치- 너힝- 러'그띠-.

8.3.3. 'ने 네' 용법에서 동사는 목적어의 성수와 일치한다.

① 나는 친구에게 10 루피를 주었다.
मैंने दोस्त को दस रुपये दिये।
매-네 도쓰뜨 꼬 더쓰 루뻐예 디예.

② 우리는 하루에 두 개임을 보았다.
हमने एक दिन में दो मैच देखे।
험네 에끄 딘 메- 도 매쯔 데케.

③ 너는 많은 영화를 보았다.
तुमने कई फ़िल्में देखीं।
뚬네 꺼이- 필르'멩 데킹-.

④ 모한은 망고 한 개를 먹었다.
मोहन ने एक आम खाया।
모헌 네 에끄 암 카야.

⑤ 그는 책 한 권을 읽었다.
उसने एक किताब पढ़ी।
우쓰네 에끄 끼따브 뻐리.-

⑥ 그들은 자기 친구에게 편지 한 통을 썼다.
उन्होंने अपने दोस्त को एक चिट्ठी लिखी।
운홍네 어쁘네 도쓰뜨 꼬 에끄 찟티. 리키-.

8.4 단계

힌디로 말하기

8.4.1. 따즈머헐

A : 따즈마할을 보셨습니까?
क्या आपने ताजमहल देखा है ?
꺄 아쁘네 따즈머헐' 데카 해 ?

B : 예, 저는 보았습니다. 저는 두서너번 아그라에 갔습니다.
जी हाँ, मैंने देखा है। मैं दो-तीन बार आगरा गया हूँ।
지- 항, 매-네 데카 해. 매- 도-띤- 바르 아그라 거야 훙-.

A : 어제 보셨습니까?
आपने कल देखा था ?
아쁘네 껄' 데카 타 ?

B : 저는 5년 전 처음으로 아그라에 갔었습니다.
मैं पाँच साल पहले पहली बार आगरा गया था।
매- 빵쯔 쌀 뻬흘레' 뻬흘리'- 바르 아그라 거야 타.

그 때에 따즈마할을 보았습니다.
तभी ताजमहल देखा था।
떠비- 따즈머헐' 데카 타.

8.4.2. 파티

C : 어제 파티에 몇 사람을 불렀느냐?
कल पार्टी में तुमने कितने लोगों को बुलाया है ?
껄 빠르띠.- 메 뚬네 끼뜨네 로'공 꼬 불라'야 해 ?

D : 저는 열몇 사람을 불렀습니다.
मैंने दस-बारह लोगों को बुलाया है।
매-네 더쓰-바러흐 로'공 꼬 불라'야 해.

C : 모한의 형제들도 불렀느냐?
मोहन के भाइयों को भी बुलाया है ?
모헌 께 바이용 꼬 비- 불라'야 해 ?

D : 예, 모한과 그의 두 형제들도 불렀습니다.
हाँ, मोहन और उसके दोनों भाइयों को भी बुलाया है।
항, 모헌 오우르 우쓰께 도농 바이용 꼬 비- 불라'야 해.

C : 모두에게 파티가 몇 시에 열린다는 것을 말했느냐?
तुमने सबको पार्टी का समय क्या बताया है ?
뚬네 썹꼬 빠르띠.- 까 써머여 꺄 버따야 해 ?

D : 모두에게 7시에 오라고 말했습니다.
सबको सात बजे आने को कहा है।
썹꼬 싸뜨 버제 아네 꼬 꺼하 해.

◯ 숫자연습 (71-80)

71. **इकहत्तर**	익헛떠르		72. **बहत्तर**	버헛떠르
73. **तिहत्तर**	띠헛떠르		74. **चौहत्तर**	쪼우헛떠르
75. **पचहत्तर**	뻐쯔헛떠르		76. **छिहत्तर**	치헛떠르
77. **सतहत्तर**	써뜨헛떠르		78. **अठहत्तर**	어트.헛떠르
79. **उनासी**	우나씨-		80. **अस्सी**	엇씨-

8.5 단계

함께 연습하기

8.5.1. 보기를 보고 문장바꾸기

> **보기**
> मैं उसको कलम नहीं दूँगा। ➡ मैंने उसको कलम नहीं दी।

① मैं वह स्कूटर नहीं लूँगा। ➡
② शर्मा जी अपनी कहानियों को छपवाते हैं। ➡
③ मैं पढ़ने की कोशिश करूँगी। ➡
④ हम आपको रूपये भेज देंगे। ➡

⑤ वे लोग यहाँ एक मकान बनाएँगे। ➡

---

① मैंने वह स्कूटर नहीं लिया।
② शर्मा जी ने अपनी कहानियों को छपवाया।
③ मैंने पढ़ने की कोशिश की।
④ हमने आपको रुपये भेज दिये।
⑤ उन लोगों ने यहाँ एक मकान बनाया।

8.5.2. 동사를 활용하여 쓰기.

① बच्चों ने कल रात दूध नहीं (　　　)। (पीना)
② आपने किताबें अलमारी में (　　　)। (रख देना)
③ हमने उनसे कापियाँ वापस (　　　)। (ले लेना)
④ नौकर ने कमरे को साफ़ नहीं। (　　　)। (करना)
⑤ उन लोगों ने प्रेमचंद की कहानियाँ (　　　)। (पढ़ना)

---

① पीया ② रख दी ③ ले लीं ④ किया ⑤ पढ़ीं

기억하기

मैं	➡	मैं ने	तुम	➡	तुम ने
हम	➡	हम ने	आप	➡	आप ने
वह	➡	उस ने	वे	➡	उन्हों ने
वे लोग	➡	उन लोगों ने	ये	➡	इन्हों ने
ये लोग	➡	इन लोगों ने	लड़का	➡	लड़के ने
लड़के	➡	लड़कों ने	लड़की	➡	लड़की ने
लड़कियाँ	➡	लड़कियों ने	कौन	➡	किस ने
कौन	➡	किन्हों ने	जो	➡	जिस ने
जो	➡	जिन्हों ने			

lekcia 9

हिंदी पढ़ाई
힌디 빠라.이- (힌디공부)

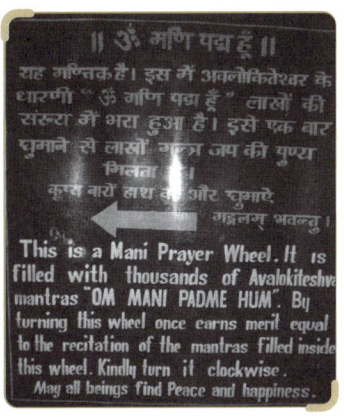

◀ 다름샬라의 사원에 있는 주문(옴 마니 빠드메 훙-)

9.0 🎧

मैं दो साल पहले भारत आया।
매- 도 쌀. 뻬흘레' 바러뜨 아야.

यहाँ आने से पहले कोरिया में हिंदी पढ़ी थी।
여항 아네 쎄 뻬흘레' 꼬리야 메 힌디- 빠리.티-.

लेकिन मुझे ठीक से बोलना नहीं आता था।
레'낀 무제 티.-ㄲ 쎄 볼르'나 너힝- 아따 타.

मैं लिखना पढ़ना जानता था।
매 리'크나 빠르.나 잔따 타.

परंतु मुझे जल्दी लिखने में परेशानी होती थी।
뻐런뚜 무제 절'디- 리'크네 메 뻐레샤니- 호띠- 티-.

मुझे लोगों की लिखावट पढ़नी भी नहीं आती थी।
무제 로'공 끼 리카워뜨. 빠르.니- 비- 너힝- 아띠 티-.

나는 2년 전에 인도에 왔습니다.
여기에 오기 전에 한국에서 힌디어를 공부했습니다.
그러나 나는 정확하게 말할 줄 몰랐다.
나는 쓰고 읽을 줄 알았다.
그렇지만 나는 빨리 쓰는데 힘들었다.
나는 사람들의 필체를 읽는 것도 알지 못했다.

9.1 단계

단어와 숙어 익히기

- **आना**
  아나
  오다.

- **आता था**
  아따 타
  오고 있었다.

- **आया**
  아야
  왔다.

- **जानना**
  잔느나
  알다.

- **पढ़ना**
  뻐르나
  공부하다, 읽다.

- **पढ़ा था**
  뻐라. 타
  읽었었다.

- **बोलना**
  볼르.나
  말하다.

- **लिखना**
  리'크나
  쓰다.

- **परेशानी**
  뻐레샤니-
  f. 불편, 곤란

- **लिखावट**
  리'카워뜨.
  f. 필체

- **लोग**
  로'그
  m. 사람

- **साल**
  쌀'
  m. 년도, 해

- **ठीक**
  티.-끄
  올바른, 틀림없는

- **ठीक से**
  티.-끄 쎄
  올바르게

- **जल्दी**
  절' 디-
  빨리

- **से पहले**
  쎄 뻬흘레'
  - 의 이전에

- **A को B आना**
  - 꼬   - 아나
  A 는 B 를 알다. (A B को जानता है।)

9.2 단계

문법 따라잡기

(1) 힌디 동사에 대하여 이미 현재 (है), 과거 (था)와 현재미완료 (आता है), 과거미완료(आता था)에 대한 시제를 공부하였다.

현재미완료시제에서 'आता 아따'가 현재분사이고, 동사원형에 '-आ'를 부가하면 과거완료형(आया 아야)이 되는데, 이것이 과거분사이다.

|현재분사|　चलता 쩔따
|과거분사|　चला 쩔라

일반적으로 현재분사어형은 일상적인 습관적 행태를 표현할 경우의 용법이지만 분명하지 않은 상황의 시제를 표현할 경우에도 많이 쓰인다.
완료분사에는 현재완료와 과거완료의 시제가 있다.

|현재완료어형|　과거완료 + है 해
|과거완료어형|　과거완료 + था 타
|현재완료시제|　आया है 아야 해
|과거완료시제|　आया था 아야 타

① 나는 방금 왔다.
　　मैं अभी आया हूँ । |현재완료시제|
　　매- 어비- 아야 훙-.

② 나는 어제 왔었다.
　　मैं कल आया था । |과거완료시제|
　　매- 껄' 아야 타.

(2) 힌디어 동사를 일반적으로 나타낼 때에 동사원형에 '-ना 나'를 부가한다.

이것은 영어의 'to 부정사'와 유사하다. 예를 들면, होना (호나, to be), चलना (쩌르'나, to walk), आना (아나, to come), जाना (자나 to go) 등이다. 이것은 명사적 의미의 동명사로도 사용한다.

(3) 'A को (꼬) B आना (아나)'는 'A는 B를 안다'를 뜻한다.

이것은 'A B को (꼬) जानता है। (잔따 해)'와 같다.

① 나는 힌디를 압니다.
मुझे हिंदी आती है।   ➡   मैं हिंदी जानता हूँ।
무제 힌디- 아띠- 해.   매- 힌디- 잔따 훙-.

② 나는 한국어를 압니다.
मुझे कोरियाई आती है।   ➡   मैं कोरियाई जानता हूँ।
무제 꼬리야이- 아띠- 해.   매- 꼬리야이- 잔따 훙-.

③ 나는 영어를 압니다.
मुझे अँग्रेजी आती है।   ➡   मैं अँग्रेजी जानता हूँ।
무제 앙그레지- 아띠- 해.   매- 앙그레지- 잔따 훙-.

(4) 서술어에 추상명사가 오는 경우에 주어가 여격형이 된다.

| 주어 + को 추상명사 + होना |

① 나는 기쁩니다.
मुझ को (मुझे) प्रसन्नता है।
무즈 꼬 쁘러썬따 해.

② 나는 희망합니다.
मुझ को (मुझे) आशा है।
무즈 꼬 아샤 해.

③ 죄송합니다.
मुझ को (मुझे) अफसोस है।
무즈 꼬 아프쏘쓰 해.

(5) 관용어적인 용법으로서 'पसंद 뻐썬드, काम 깜, समय 써머여, मालूम 말룸'의 어휘가 서술어로 올 경우에도 주어가 여격형이 된다.

| 주어 + को पसंद, काम, समय, मालूम + होना |

① 나는 좋아합니다.
मुझे पसंद है।
무제 뻐썬드 해.

② 나는 일이 있다.
   मुझे काम है।
   무제 깜 해.

③ 나는 시간이 없다.
   मुझे समय नहीं है।
   무제 써머여 너힝- 해.

④ 나는 압니다.
   मुझे मालूम है।
   무제 말룸'- 해.

(6) 'नी ना' 부정사를 사용하여 '… 해야한다'라는 표현을 한다.

| 주어+**को** 꼬 원형동사 + **नी** 니 + **है** 해 (**हैं** 행) |

① 당신은 책 한 권을 가져가야 한다.
   आप को एक किताब लेनी है।
   압 꼬 에끄 끼땁 레'니- 해.

   당신은 책 두 권을 가져가야 한다.
   आप को किताबें लेनी हैं।
   압 꼬 끼따벵 레'니- 행.

② 당신은 옷 한 벌을 가져가야 한다.
   आप को एक कपड़ा लेना है।
   압 꼬 에끄 꺼쁠라. 레'나 해.

   당신은 어떤 옷들을 가져가야 한다.
   आप को कुछ कपड़े लेने हैं।
   압 꼬 꾸츠 꺼쁠레. 레'네 행.

③ 나는 오늘 펜을 하나 사야한다.
   मुझे आज एक कलम खरीदना है।
   무제 아즈 에끄 껄럼 커리-드나 해.

   우리는 여러 개의 펜들을 사야한다.
   हमें आज कई कलम खरीदने हैं।
   허멩 아즈 꺼이- 껄럼 커리-드네 행.

④ 나는 여기에서 물건 하나를 사야한다.
   मुझे यहाँ से एक चीज़ खरीदनी है।
   무제 여항 쎄 에끄 찌-즈 커리-드니 해.

우리는 여기서 물건들을 사야한다.
हमें यहाँ से चीजें खरीदनी हैं।
허멩 여항 쎄 찌-젱 커리-드니- 행.

9.3 단계

표현 따라 하기

9.3.1. '나는 좋아한다'는 말은 '좋게 느낀다' 것과 동일한 의미가 된다.

① 나는 단과자를 좋아한다.
मुझे मिठाई पसंद है।
무제 미타.이- 뻐썬드 해.

나는 단과자가 좋다.
मुझे मिठाई अच्छी लगती है।
무제 미타.이- 엇치- 러'그띠- 해.

② 나는 단과자들을 좋아한다.
मुझे मिठाइयाँ पसंद हैं।
무제 미타.이양 뻐썬드 해.

나는 단과자들이 좋다.
मुझे मिठाइयाँ अच्छी लगती हैं।
무제 미타.이양 엇치- 러'그띠- 행.

③ 너는 싸모싸를 좋아한다.
तुम्हें समोसा पसंद है।
뚬헹 써모싸 뻐썬드 해.

너에게 싸모싸가 좋다.
तुम्हें समोसा अच्छा लगता है।
뚬헹 써모싸 엇차 러'그따 해.

④ 너는 싸모싸들을 좋아한다.
तुम्हें समोसे पसंद हैं।
뚬헹 써모쎄 뻐썬드 행.

너에게 싸모싸들이 좋다.
तुम्हें समोसे अच्छे लगते हैं।
뚬헹 써모쎄 엇체 러'그떼 행.

9.3.2. 다음 문장은 '좋아하기 때문에 … 하다'라는 표현을 한 것이다.

여기에 '**इसलिए** 이쓸리에(그러므로), **लेकिन** 레'낀(그러나), **फिर भी** 피르 비-(그런데도)' 등을 부연하여 부드러운 표현을 할 수 있다.

① 나는 망고를 매우 좋아한다.
मुझे आम बहुत पसंद है।
무제 암 버후뜨 뻐썬드 해.

그러므로 매일 두서너 번 망고를 먹는다.

इसलिए रोज़ दो-तीन आम खाता हूँ।
이쓸리'에 로즈 도 띤- 암 카따 훙.

② 나는 망고를 매우 좋아한다.
मुझे आम बहुत पसंद है।
무제 암 버후뜨 뻐썬드 해.

그러나 지금 먹지 않을 것이다.
लेकिन अभी नहीं खाऊँगा।
레'낀 어비- 너힝- 카웅-가.

③ 나는 단과자를 좋아하지 않다.
मुझे मिठाई पसंद नहीं है।
무제 미타.이- 뻐썬드 너힝- 해.

그러므로 먹지 않는다.
इसलिए नहीं खा रहा हूँ।
이쓸리'에 너힝- 카 러하 훙-.

④ 나는 단과자를 좋아하지 않다.
मुझे मिठाई पसंद नहीं है।
무제 미타.이- 뻐썬드 너힝- 해.

그런데도 먹고 있다.
फिर भी खा रहा हूँ।
피르 비- 카 러하 훙-.

9.4 단계

힌디로 말하기

9.4.1. 상황 1

| 버르피와 음료수 |

A : 아쇼끄, 바르피13 받아라.
अशोक, तुम एक बर्फ़ी लो।
어쇼끄, 뚬 에끄 버르피- 로'.

알아두기 13. 진한 우유로 만든 얼음과자.

B : 아닙니다. 난 바르피가 싫어요.
जी नहीं, मुझे बर्फ़ी नहीं चाहिए।
지- 너힝-, 무제 버르피- 너힝 짜히에.

A : 그래, 랏두 한 개 받아라.
अच्छा, तो एक लड्डू लो।
엇차, 또 에끄 럿두.- 로'.

B : 난 랏두도 좋아하지 않아요.
मुझे लड्डू भी अच्छा नहीं लगता।
무제 럿'두.- 비- 엇차 너힝- 러'그따.

단과자를 매우 좋아하지 않아요.
मुझे मिठाई ज़्यादा पसंद नहीं है।
무제 미타.이- 쟈다 뻐썬드 너힝- 해.

A : 그럼, 싸모싸 하나 받아라.
अच्छा, फिर एक समोसा14 तो लो।
엇차, 피르 에끄 써모싸 또 로'.

싸모싸 좋아하지 않니?
तुम्हें समोसे तो पसंद हैं न?
뚬헹 써모쎄 또 뻐썬드 해 너?

B : 네, 좋아해요.
जी हाँ, पसंद तो है।
지- 항, 뻐썬드 또 해.

그렇지만 지금 먹고싶지 않아요.
लेकिन अभी नहीं चाहिए।
레'낀 어비- 너힝- 짜히에.

A : 왜, 무슨 일이야.
क्यों, क्या बात है?
꾜온, 꺄 바뜨 해?

B : 배가 불러요.
मेरा पेट भरा है।
메라 뻬뜨. 버라 해.

알아두기

14. 삼각형 입체 모양에 감자와 양념 등을 섞어서 만들어 놓은 것을 넣어서 튀긴 일종의 음식.

배고프지 않아요.
मुझे भूख नहीं है।
무제 부-크 너힝- 해.

A : 그럼, 커피 마실 거야?
अच्छा, कॉफ़ी पिओगे ?
엇차, 까피- 삐오게 ?

너 커피 좋아 하잖아?
तुम्हें कॉफ़ी तो पसंद है न ?
뚬헹 까피- 또 빠썬드 해 너 ?

B : 네, 커피 마시겠습니다.
जी हाँ, कॉफ़ी लूँगा।
지- 항, 까피- 룽'-가.

많이 말고요, 조금만요.
ज़्यादा नहीं, थोड़ी-सी।
쟈댜 너힝-, 톨리'-씨-.

9.4.2. 상황 2

| 비지니스 |

C : 저, 무슨 일인가요?
कहिए, क्या काम है ?
꺼히에, 꺄 깜 해 ?

D : 매니저를 만나야 합니다.
मुझे मैनेजर से मिलना है।
무제 매네저르 쎄 밀르'나 해.

만날 수 있습니까?
मैं उनसे मिल सकता हूँ ?
매- 운쎄 밀' 써끄따 훙-?

C : 지금 아주 바쁘십니다.
वे अभी बहुत व्यस्त हैं।
웨 어비- 버후뜨 벼쓰뜨 행.

아무나 만나실 수 없어요.
किसी से मिल नहीं सकते।
끼씨- 쎄 밀' 너힝- 써끄떼.

무슨 일이신 데요?
आप को क्या काम है ?
압 꼬 꺄 깜 해?

D : 당신 회사에서 몇 가지 물건을 사야 합니다.
हमें आपकी कंपनी से कुछ चीजें लेनी हैं।
허멩 압끼- 껌뻐니- 쎄 꾸츠 찌-젱 레'니- 행.

이에 대하여 매니저와 상의해야 합니다.
मुझे इसके बारे में मैनेजर से बात करनी है।
무제 이쓰께 바레 메 매네저르 쎄 바뜨 꺼르니- 해.

C : 그러세요, 잠시만 기다리세요.
अच्छा, आप थोड़ी देर रुकिए।
엇차, 압 톨리.- 데르 루끼에.

9.4.3. 상황 3

| 차 |

E : 너는 차를 마셔야 하니?
तुम्हें चाय पीनी है?
뚬헹 짜이 삐-니- 해?

F : 예, 어머니. 마셔야 합니다.
हाँ, माँ। पीनी है।
항, 망. 삐-니- 해.

G : 어머니, 저도 마시겠습니다.
माँ, मैं भी पिऊँगा।
망, 매- 비- 삐웅가.

F : 넌 마시지 마라.
तुम मत पिओ।
뚬 머뜨 삐오.

너는 지금 식사를 해야한다.
तुम्हें अभी खाना खाना है।
뚬헹 어비- 카나 카나 해.

G : 아니에요, 조금만 주세요.
नहीं, थोड़ी-सी दीजिए।
너힝-, 톨리.- 씨- 디-지에.

F : 너는 많은 차를 마신다.
तुम ज़्यादा चाय पीते हो।
뚬　쟈다　짜이　삐-떼 호.

이것은 좋은 일이 아니다.
यह अच्छी बात नहीं है।
예흐　엇치-　바뜨　너힝　해.

지나치게 차를 마시지 않도록 해라.
ज़्यादा चाय मत पिया करो।
쟈다　짜이　마뜨　삐야　꺼로.

◎ 숫자연습 (81-90)

81. इक्यासी	이꺄씨-	82. बयासी	버야씨-
83. तिरासी	띠라씨-	84. चौरासी	쪼우라씨-
85. पचासी	뻐짜씨-	86. छियासी	치야씨-
87. सत्तासी	쌋따씨-	88. अट्ठासी	엇타.씨-
89. नवासी	너바씨-	90. नब्बे	넙베

9.5 단계

함께 연습하기

9.5.1. 번역하기

① रसोइये ने भोजन पहले से तैयार कर लिया था।
② किसने यह कुर्सी तोड़ी है?
③ तुमने नये कपड़े कहाँ रखे हैं?
④ क्या आपने आज का अखबार पढ़ा है?

---

① 요리사는 식사를 이미 준비하였었다.
② 누가 이 의자를 부셨느냐?
③ 너는 새 옷들을 어디에 두었느냐?
④ 당신은 오늘 신문을 읽었느냐?

9.5.2. 힌디 작문하기

① 너는 우체국을 보았다.
② 그는 식사를 했었다.
③ 나는 그를 델리에서 보았었다.
④ 나는 편지를 읽었다.

---

① तुमने डाकघर देखा है।
② उसने खाना खाया था।
③ मैंने उसे दिल्ली में देखा था।
④ मैंने वह चिट्ठी पढ़ी।

अच्छी आदतें
엇치- 아더뗑 (좋은 습관)

▶ 아잔따 석굴의 벽화

10.0

बच्चों को अच्छी आदतें सीखनी चाहिए।
벗쫑 꼬 엇치- 아더뗑 씨-크니- 짜히에.

सब के साथ अच्छा व्यवहार करना चाहिए।
썹 께 싸트 엇차 브여브하르 꺼르나 짜히에.

किसी को बुरा नहीं कहना चाहिए।
끼씨- 꼬 부라 너힝- 께흐나 짜히에.

किसी की बुराई नहीं करनी चाहिए।
끼씨- 끼- 부라이- 너힝- 꺼르니 짜히에.

दूसरों से लड़ाई नहीं करनी चाहिए।
두-쓰롱 쎄 럴'라.이- 너힝- 꺼르니 짜히에.

लड़ना बुरी आदत है।
럴'르.나 부리- 아더뜨 해.

बुरी आदतें नहीं सीखनी चाहिए।
부리- 아더뗑 너힝- 씨-크니- 짜히에.

아이들은 좋은 습관을 배워야 한다.
가장 훌륭한 행동을 해야 한다.
누구나 나쁘게 얘기해서는 안된다.
어떤 사람에게 나쁘게 대해서는 안 된다.
다른 사람과 싸워서는 안 된다.
싸우는 것은 나쁜 습관이다.
나쁜 습관을 배워서는 안 된다.

10.1 단계

단어와 숙어 익히기

- **आदत**
  아더뜨
  f. 습관, 매너

- **गंदा**
  건다
  a. 더러운, 불결한

- **जागना**
  자그나
  v. 잠깨다, 깨어있다.

- **देर**
  데르
  f. 지연, 지체, a. 늦은

- **बुरा**
  부라
  a. 나쁜, 사악한

- **बुराई**
  부라이-
  f. 사악, 약점

- **रात**
  라뜨
  f. 밤

- **लड़ना**
  렐'르나
  v. 싸우다

- **लड़ाई**
  렐'라.이-
  f. 싸움

- **व्यवहार**
  브여브하르
  m. 행위, 행동

10.2 단계

문법 따라잡기

10.2.1. 힌디에 명사적 의미의 동명사는 힌디의 'ने(나)' 부정사 (영어의 to부정사)이다.

주어 'ने(나)부정사' + 'चाहता है (짜흐따 해)' = '원하다' '하고 싶다'

वह जाना चाहता है । 그는 가고 싶어한다.
워흐 자나 짜흐따 해.

주어 + को 'नी(나)부정사' + 'होता (पड़ता) है 호따(빨르.따) 해' = '해야한다'

उसको जाना होता है । 그는 가야한다.
우쓰꼬 자나 호따 해.

① 나는 인도에 가고 싶다.
　　मैं भारत जाना चाहता हूँ ।
　　매- 바러뜨 자나 짜흐따 훙-.

② 그는 편지를 쓰고 싶(어한)다.
　　वह पत्र लिखना शुरू करता है ।
　　웨흐 뻐뜨르 리크나 슈루- 꺼르따 해.

③ 나는 편지를 써야 한다.
　　मुझे पत्र लिखना है ।
　　무제 뻐뜨르 리크나 해.

④ 그는 가야 한다.
　　उसे जाना है ।
　　우쎄 자나 해.

⑤ 당신은 책 한 권을 가져가야 한다.
　　आप को एक किताब लेनी है ।
　　압 꼬 에끄 끼땁 레'니- 해.

⑥ 당신은 책 두 권을 가져가야 한다.
　　आप को दो किताबें लेनी हैं ।
　　압 꼬 도 끼따벵 레'니- 행.

⑦ 당신은 옷 한 벌을 가져가야 한다.
　　आप को एक कपड़ा लेना है ।
　　압 꼬 에끄 꺼쁠라. 레'나 해.

⑧ 당신은 어떤 옷들을 가져가야 한다.
　　आप को कुछ कपड़े लेने हैं ।
　　압 꼬 꾸츠 꺼쁠레. 레'네 행.

⑨ 나는 어쩔 수 없이 뭄바이에 가야 한다.
　　मुझे मुंबई जाना पड़ता है ।
　　무제 뭄버이- 자나 뻘르.따 해.

⑩ 그는 어쩔 수 없이 약을 먹어야 했다.
　　उसे दवा खानी पड़ी ।
　　우쎄 더와 카니- 뻘리.-.

10.2.2. 'चाहिए 짜히에' 용법

'चाहिए 는 '원하다', '필요로 하다' 와 '하여야 한다' 라는 의미의 동사이다.

| 현재형 | 'चाहिए 짜히에'
| 미래형 | 'चाहिए होगा 짜히에 호가'
| 과거형 | 'चाहिए था 짜히에 타 (थे 테, थी 티-, थीं 팅-)'
| 구문형식 | "주어 + को 꼬 명사구 / 동사구 चाहिए 짜히에"

동사는 명사구와 동사구의 남녀의 성과 수에 의해서 활용된다.

(1) 명사가 오는 경우

① 그는 달을 원한다.
 उसको दाल चाहिए।
 우쓰꼬 달   짜히에.

② 그는 달을 원했다.
 उसको दाल चहिए थी।
 우쓰꼬 달 짜히에 티-.

③ 씨따는 싸리 한 벌을 원한다.
 सीता को एक साड़ी चाहिए।
 씨-따 꼬 에끄 쌀리.- 짜히에.

④ 씨따는 두 벌의 싸리를 원한다.
 सीता को दो साड़ियाँ चाहिए।
 씨-따 꼬 도 쌀리.양 짜히에.

⑤ 씨따는 두 벌의 싸리를 원했다.
 सीता को दो साड़ियाँ चाहिए थीं।
 씨-따 꼬 도 쌀리.양 짜히에 팅-.

(2) 동사가 오는 경우

① 나는 여기에 와야 한다.
 मुझे यहाँ आना चाहिए।
 무제 야항 아나 짜히에.

② 나는 여기에 와야 했다.
मुझे यहाँ आना चाहिए था।
무제 야항 아나 짜히에 따.

③ 당신을 책들을 구입해야 한다.
आप को पुस्तकें खरीदनी चाहिएँ।
압 꼬 뿌쓰떠껭 커리-드니- 짜히앵.

④ 당신을 책들을 구입해야 했다.
आप को पुस्तकें खरीदनी चाहिए थीं।
압 꼬 뿌쓰떠껭 커리-드니- 짜히에 팅-.

(3) 필요의 경우

① 당신은 책 한 권이 필요하다.
आप को एक किताब चाहिए।
압 꼬 에끄 끼땁 짜히에.

② 우리는 조금도 필요하지 않다.
हमें कुछ नहीं चाहिए।
허멩 꾸츠 너힝- 짜히에.

③ 너는 돈이 필요하다.
तुम्हें रुपये चाहिए।
뚬헹 루뻐예 짜히에.

(4) 의무와 필연성의 경우에

① 나는 학교에 가야 한다.
मुझे स्कूल जाना चाहिए।
무제 쓰꿀- 자나 짜히에.

② 당신은 여기에 와야 한다.
आप को यहाँ आना चाहिए।
압 꼬 여향 아나 짜히에.

③ 그는 책을 읽어야 한다.
उसे पुस्तक पढ़नी चाहिए।
우쎄 뿌쓰떡 뻘르.니- 짜히에.

10.3단계

표현 따라하기

10.3.1. 의무와 필연적인 사연의 경우에

① 우리는 저녁에 시장에 가야 한다.
हमें शाम को बाज़ार जाना चाहिए।
허멩 샴 꼬 바자르 자나 해.

② 이 달에 새 집을 구해야 할 것이다.
इस महीने नया मकान लेना पड़ेगा।
이쓰 머히-네 너야 머깐 레'나 뻘레.가.

③ 사원은 멀다. 걸어서 가야 할 것이다.
मंदिर दूर है। हमें पैदल चलना होगा।
먼디르 두-르 해. 허멩 빼덜 쩔르'나 호가.

④ 너는 걱정하지 말아야 한다.
तुम्हें चिंता नहीं करनी चाहिए।
뚬헹 찐따 너힝- 꺼르니- 짜히에.

⑤ 시계를 수선해야 할 것이다.
मुझे घड़ी की मरम्मत करानी या करवानी होगी।
무제 걸리.- 끼- 머럼머뜨 꺼라니- 야 꺼르와니- 호기-.

10.3.2 चाहना 동사는 뭔 가를 원하는 경우에

① 우리는 저녁에 시장에 가기를 원 한다.
हम शाम को बाज़ार जाना चाहते हैं।
험 샴 꼬 바자르 자나 짜흐떼 행.

② 우리는 걸어서 가기를 원한다.
हम पैदल चलना चाहते हैं।
험 빼덜 쩔르나 짜흐떼 행.

③ 너는 걱정하지 않는 것을 원한다.
तुम चिंता नहीं करना चाहते हो।
뚬 찐따 너힝- 꺼르나 짜흐떼 호.

④ 나는 시계를 수선하는 것을 원할 것이다.
मैं घड़ी की मरम्मत करवाना चाहूँगा।
매- 걸리.- 끼- 머럼머뜨 꺼르와나 짜훙-가.

10.4 단계

힌디로 말하기

10.4.1. 양복

A : 여보세요, 무엇을 원하십니까?
　　कहिए, आप को क्या चाहिए?
　　꺼히에, 아쁘 꼬 꺄 짜히에?

B : 저는 옷이 필요합니다.
　　मुझे एक कपड़ा चाहिए।
　　무제 에끄 꺼쁘라. 짜히에.

A : 양복감이요?
　　सुट का कपड़ा?
　　쑤뜨. 까 꺼쁘라.?

B : 네, 나는 양복을 맞추고 싶습니다.
　　जी हाँ, मैं सुट बनवाना चाहता हूँ।
　　지- 항, 매- 쑤뜨. 번와나 짜흐따 훙-.

　　나는 양복감을 원합니다.
　　मुझे सुट का कपड़ा चाहिए।
　　무제 쑤뜨. 까 꺼쁘라. 짜히에.

A : 이것을 보십시오.
　　यह देखिए।
　　예흐 데키에.

10.4.2. 힌디 수업

C : 여보세요. 무엇을 원하십니까?
　　कहिए, आप को क्या चहिए?
　　꺼히에, 압 꼬 꺄 짜히에?

D : 제가 한 마디 묻고 싶습니다.
　　मैं एक बात पूछना चाहती हूँ।
　　매- 에끄 바뜨 뿌-츠나 짜흐띠- 훙-.

C : 네, 네, 물어 보십시오.
हाँ, हाँ, पूछिए।
항, 항, 뿌치에.

뭘 알고 싶습니까?
आप क्या जानना चाहती हैं?
압 꺄 잔느나 짜흐띠- 행?

D : 저는 힌디를….
मैं हिंदी … ।
매- 힌디- ….

여기서 힌디 수업들이 있습니까?
यहाँ हिंदी की कक्षाएँ चलती हैं?
여항 힌디- 끼- 꺽샤엥 쩔띠- 행?

C : 네, 그렇습니다.
जी हाँ, चलती हैं।
지- 항, 쩔띠- 행.

어느 시간에 공부하십니까?
आप किस समय पढ़ना चाहती हैं?
압 끼쓰 써머여 빠르ㆍ나 짜흐띠- 행?

아침이나 저녁에요.
सवेरे या शाम को।
써베레 야 샴 꼬.

D : 저는 저녁에 오고 싶습니다.
मैं शाम को ही आना चाहती हूँ।
매- 샴 꼬 히- 아나 짜흐띠- 훙-.

저녁에 수업이 있습니까?
शाम की कक्षा है?
샴 끼- 꺽샤 해?

C : 네, 있습니다.
जी हाँ, है।
지- 항, 해.

저녁 수업에 오십시오.
आप शाम की कक्षा में आइए।
압 샴 끼- 꺽샤 메- 아이에.

10.4.3. कपड़ा 꺼쁠라(옷감)

A : 무슨 용도로 이 천을 구입하려고 하십니까?
आप किस काम के लिए यह कपड़ा ले रहे हैं ?
압 끼쓰 깜 께 리'에 예흐 꺼쁠라. 레'러헤 헹 ?

B : 커튼을 만들기 위하여 이 천이 필요합니다.
मुझे पर्दा बनाने के लिए यह कपड़ा चाहिए।
무제 뻐르다 버나네 께 리'에 예흐 꺼쁠라. 짜히에.

A : 무엇을 위하여 이 천이 필요합니까?
आप किसलिए[15] यह कपड़ा ले रहे हैं ?
압 끼쓸리.에 예흐 꺼쁠라. 레'러헤 헹 ?

B : 셔츠 때문에 천이 필요합니다.
मुझे कमीज़ के लिए कपड़ा चाहिए।
무제 꺼미-즈 께 리'에 꺼쁠라. 짜히에.

A : 무엇 때문에 이 천을 사려고 합니까?
आप किसके लिए यह कपड़ा ले रहे हैं ?
압 끼쓰께 리'에 예흐 꺼쁠라. 레'러헤 헹 ?

자신을 위하여?
अपने लिए ?
어쁘네 리'에 ?

B : 나 자신을 위한 것이 아닙니다.
अपने लिए नहीं।
어쁘네 리'에 너힝-.

나는 저의 누이를 위하여 이 천이 필요합니다.
मुझे अपनी बहन के लिए यह कपड़ा चाहिए।
무제 어쁘니- 베헌 께 리'에 예흐 꺼쁠라. 짜히에.

10.4.4. साबुन 싸분(비누)

C : 랄라 씨, 바싼뜨 비누 있습니까?
लाला जी, बसंद साबुन है ?
라'라' 지-, 버썬뜨 싸분 해 ?

알아두기
15. 무엇을 위하여

D : 예, 있습니다. 몇 개 필요합니까?
हाँ, है। कितने चाहिए?
항, 해. 끼뜨네 짜히에 ?

C : 두 개 주십시오.
दो दीजिए।
도   디-지에.

당신 가게에 카피가 있겠지요?
आप के यहाँ कापी होगी?
압   께 여항 까삐- 호기- ?

D : 카피는 여기에 없습니다.
कापी यहाँ नहीं है।
까삐- 여항 너힝- 해.

근처 가게에 있을 것입니다.
पास की दुकान में मिलेगी।
빠쓰 끼- 두깐 메 밀레'기-.

그 밖에 더 필요합니까?
और कुछ चाहिए?
오우르 꾸츠 짜히에 ?

C : 아니오, 그 밖에 더 필요하지 않습니다.
नहीं, और कुछ नहीं चाहिए।
너힝-, 오우르 꾸츠 너힝 짜히에.

이 돈을 받으십시오.
यह लीजिए पैसे।
예흐 리'-지에 빼쎄.

◆ 숫자연습 (91-100)

91. इकयानवे	이꺄너베	92. बानवे	바너베
93. तिरानवे	띠라너베	94. चौरानवे	쪼우라너베
95. पचानवे	빠짜너베	96. छियानवे	치야너베
97. सत्तानवे	썼따너베	98. अट्ठानवे	엇타.너베
99. निन्यानवे	니냐너베	100. सौ	쏘우

10.5단계

함께 연습하기

10.5.1. 보기에서 괄호속 채우기

> 보기
>
> था, पड़ी, को, चाहिएँ, लेनी, चाहता

① मैं एक पत्र लिखना (   ) हूँ।
② आप को तीन पुस्तकें (   ) हैं।
③ उसे दवा खानी (   )।
④ सीता को चार साड़ियाँ (   )।
⑤ मुझे यहाँ आना चाहिए (   )।

---

① चाहता ② लेनी ③ पड़ी ④ चाहिए ⑤ था

10.5.2. 번역하기

① इस महीने में नया मकान लेना पड़ेगा।
② मुझे घड़ी की मरम्मत करवानी है।
③ आप कल कहाँ जाना चाहते थे?
④ तुमको आठ रुपये देने चाहिए।
⑤ उसको ऐसा नहीं करना चाहिए था।

---

① 이 달에 새 집을 구해야 할 것이다.
② 나는 시계를 수선해야 하다.
③ 당신은 어제 어디에 가야 했습니까?
④ 너는 8 루피를 주어야 한다.
⑤ 그는 이처럼 하지 말아야 했다.

10.5.3. 힌디로 작문하기

① 나는 힌디를 배우고 싶다.
② 우리는 힌디책 한 권이 필요하다.
③ 당신은 걱정하지 말아야 한다.
④ 나는 5시에 차가 필요하다.
⑤ 당신은 무엇을 하고 싶습니까?

---

① मैं हिंदी पढ़ना चाहता हूँ।
② हमें एक हिंदी की किताब चाहिए।
③ आपको चिंता नहीं करनी चाहिए।
④ मुझे पाँच बजे की गाड़ी चाहिए।
⑤ आप को क्या करना चाहिए।

पता

뻐따 (주소)

▲ 자이뿌르 주의 우다이뿌르 도시 삐쫄라 호수의
호수궁전호텔의 전경

11.0

मैंने उसका पता एक कागज़ पर लिख रखा था।
매-네 우쓰까 뻐따 에끄 까거즈 뻐르 리'크 러카 타.

लेकिन बस से उतर कर मैंने (अपनी) जेब देखी, तो वह कागज़ जेब में
레'낀 버쓰 쎄 우떠르 꺼르 매-네 어쁘니- 젭 데키-, 또 웨흐 까거즈 젭 메-

नहीं था।
너힝- 타.

शायद बस में गिर गया था।
샤여드 버쓰 메- 기르 거야 타.

मुझे सड़क का नाम याद था, लेकिन घर का नंबर याद नहीं था।
무제 썰러.끄 까 남 야드 타, 레'낀 거르 까 넘버르 야드 너힝- 타.

वैसे भी नयी जगह में किसी का घर ढूँढ़ना काफी मुश्किल होता है।
웨쎄 비- 너이- 저거흐 메- 끼씨- 까 거르 둥̆.-르̆.나 까피- 무시낄 호따 해.

घर का नंबर भी नहीं था। मैंने कितनी बड़ी गलती कर दी थी।
거르 까 넘버르 비- 너힝- 타. 매-네 끼뜨니- 벌리.- 걸'띠- 꺼르 디- 티-.

मुझे अपने ऊपर बड़ा गुस्सा आ रहा है।
무제 어쁘네 우-뻐르 벌라. 굿싸 아 러하 해.

나는 그의 주소를 종이에 적어 두었다.
그러나 버스에서 내려서 나는 주머니를 보았을 때, 그 때 그 종이가 주머니에 없었다.
아마도 버스에 떨어졌을 것이다.
난 도로 이름을 기억했지만 집 호수 번호가 생각나지 않았다.
그와 같이 역시 처음 가는 곳에서 누군가의 집을 찾기란 역시 힘든 일이다.
집의 호수 번호도 없었다. 나는 아주 큰 실수를 했다.
나는 자신에게 크게 화가 났다.

11.1 단계

단어와 숙어 익히기

- **कागज़**
  까거즈
  m. 종이

- **कितना**
  끼뜨나
  a. 얼마나 많은, 몇 개의

- **गलती**
  걸'띠-
  f. 잘못, 틀림, 실수

- **गुस्सा**
  굿싸
  m. 노염, 성냄, 화냄

- **जगह**
  저거흐
  f. 장소

- **जेब**
  젭
  m. 주머니

- **ढूँढ़ना**
  둥.-르.나
  v. 찾다, 탐색하다

- **नंबर**
  넘버르
  m. 숫자, 수

- **पता**
  빠따
  m. 주소; 추적

- **मुश्किल**
  무시낄'
  a. 어려운, 힘든

- **याद**
  야드
  f. 기억, 회상

- **लिखना**
  리'크나
  v. 쓰다, 기록하다

- **वैसा**
  웨싸
  a. 그와 같은, 그래서

- **शायद**
  샤여드
  adv. 아마, 필시, 대개는

- **सड़क**
  썰러.끄
  f. 길, 도로

11.2 단계

문법 따라잡기

11.2.1. 조동사

(1) 힌디에서 सकना(써끄나 ; 할 수 있다)와 चुकना(쭈끄나 ; 이미 하다)는 대표적 조동사이다. 이들 두 동사는 주어에 '나 네'를 사용하지 않는다.

① 나는 일을 할 수 있다.
   मैं काम कर सकता हूँ।
   매- 깜 꺼르 썩따 홍-.

② 너는 갈 수 있다.
   तुम जा सकते हो।
   뚬 자 썩떼 호.

③ 나는 이미 먹었다.
   मैं खा चुका।
   매- 카 쭈까.

④ 지금 그들은 이미 노래를 했을 것이다.
   अब वे गा चुके होंगे।
   업 웨 가 쭈께 홍게.

⑤ 그들 여성들은 이미 말했었다.
   वे औरतें बोल चुकी थीं।
   웨 오우러뗑 볼' 쭈끼- 팅-.

(2) लगना 러'그나 와 देना 데나 는 부정사를 수식하는 것으로서 각각 시작과 허락을 표현한다.

예문

करने लगना 하기 시작하다   करने देना 하도록 허락하다
꺼르네 러'그나   꺼르네 데나

① 라힘은 울기 시작했다.
   रहीम रोने लगा।
   러힘- 로네 러'가.

② 여자아이가 잠자기 시작했다.
   बच्ची सोने लगी।
   벗찌- 쏘네 러'기-.

③ 나를 가도록 해 주게.
   मुझे जाने दो।
   무제 자네 도.

④ 그를 자도록 해 주게.
   उसे सोने दो।
   우쎄 쏘네 도.

(3) चाहना 짜흐나는 '네 나 동사(동명사)'와 함께 바라는 행위를 표현한다. (-ने + चाहना)

① 나는 노래를 하고 싶다.
   मैं गाना चाहता हूँ।
   매- 가나 짜흐따 훙-.

② 그는 나를 때리고 싶어 했다.
   उसने मुझे मारना चाहा।
   우쓰네 무제 마르나 짜하.

④ 나는 어딘가에 가고 싶다.
   मैं कहीं जाना चाहती हूँ।
   매- 꺼힝- 자나 짜흐띠- 훙.

⑤ 너는 빵을 먹고 싶은 거야?
   क्या तुम रोटी खाना चाहती हो?
   꺄 뚬 로띠.- 카나 짜흐띠- 호?

(4) 과거완료분사 + करना ; 습관적 행위 : **वह जाया करता है** (과거완료 + करना)
현재분사 + रहना ; 와 지속적 행위 : **वह जाता रहता है** (현재분사 + रहना)'

각각 '그는 습관적으로 간다'와 '그는 계속 간다' 라는 의미이다.

① 읽는 습관을 가져라. (읽곤 해라.)
   पढ़ा करो।
   뻐라. 꺼로.

② 그가 오는 습관이 있다. (그가 오곤 한다.)
वह आया करता है।
웨흐 아야 꺼르따 해.

③ 씨따는 늘 웃고 있다.
सीता हँसती रहती है।
씨-따 헌쓰띠- 레흐띠- 해.

④ 람은 늘 말한다.
राम बोलता रहता है।
람 볼'따 레흐따 해.

11.2.2. 복합동사

의미를 강조하는데 사용되는 두 동사가 결합한 것을 말한다. 원형동사의 주동사가 다른 동사와 결합하여 주동사의 의미가 강조된다.

'मार 마르'(=때리다 ; 주동사) + 'डाल(ना) 달.르'(나)'(=내던지다 ; 보조동사)는 'मार डालना' '철저하게 때리다' 라는 의미가 된다.

이와 같이 보조동사는 본래의 의미가 상실하지만, 그 고유한 뜻에 맞게 주동사의 의미를 강하게 하거나 진전시켜준다. 보조동사들은 'देना 데나, लेना 레'나, पड़ना 뻐르.나, बैठना 배트.나, उठना 우트.나, मरना 마르나, डालना 달.르'나, जाना 자나, रखना 러크나' 등이다.

① **देना**
데나
㉧ 주다. 타인을 위한 행위

② **लेना**
레'나
㉧ 받다. 자신을 위한 행위

③ **पड़ना**
뻐르.나
㉧ (떨어)지다. 갑작스러운 행위와 의식적 행위

④ **उठना**
우트.니
㉧ 일어나다. 예기치 못한 행위

⑤ **डालना**
달.르'나
㉧ 내던지다. 완벽한 행위

⑥ **बैठना**
배트.나
㉧ 앉다. 예상에 없는 돌연한 행위

⑦ **मारना**
마르나
㉧ 때리다. 어리석고 야비한 행위

⑧ **जाना**
　자나

㉣ 가다. 완성적 행위

⑨ **रखना**
　러크나

㉣ 놓다. 안정적 유지를 위한 행위

예문

① 나는 편지를 읽어 주었다.
मैंने पत्र पढ़ दिया।
매-네 뻐뜨르 뻐르. 디야.

② 나는 편지를 읽었다.
मैंने पत्र पढ़ लिया।
매-네 뻐뜨르 뻐르. 리'야.

③ 나는 넘어졌다.
मैं गिर पड़ा।
매- 기르 뻘라.

④ 아이가 울음을 터뜨렸다.
बच्चा रो उठा।
벗짜 로 우타..

⑤ 아이는 유리를 깼다.
बच्चे ने शीशा तोड़ डाला।
벗쩨 네 시샤 똘르 달.라'.

⑥ 그는 모든 것을 다 잃었다.
वह सब कुछ खो बैठा।
웨흐 썹 꾸츠 코 배타..

⑦ 그는 갑자기 마단의 뺨을 때렸다.
उसने अचानक मदन को थप्पड़ मारा।
우쓰네 어짜너그 머던 꼬 텁뻘르. 마라.

⑧ 씨따가 왔다.
सीता आ गई।
씨-따 아 거이-.

⑨ 나는 이 그림을 두 번이나 보았다.
मैंने यह तस्वीर दो बार देख रखी है।
매-네 예흐 떠쓰비-르 도 바르 데크 러키- 해.

11.2.3. 형용사와 명사는 करना 꺼르나 와 होना 호나 와 결합하여 타동사와 자동사의 의미가 된다.

(1) 형용사 + करना 꺼르나 와 होना 호나

형용사+करना(타동사)			형용사+होना(자동사)		
कम करना	껌 꺼르나	줄이다	कम होना	껌 호나	적어지다
ठीक करना	티.-끄꺼르나	고치다	ठीक होना	티.-끄 호나	괜찮다
खत्म करना	커뜸 꺼르나	끝내다	खत्म होना	커뜸 호나	끝나다
बंद करना	번드 꺼르나	닫다	बंद होना	번드 호나	닫히다
साफ़ करना	싸프 꺼르나	청소하다	साफ़ होना	싸프 호나	깨끗하다

(2) 명사 + करना 꺼르나 와 होना 호나

명사+करना(타동사)			명사+होना(자동사)		
जमा करना	저마 꺼르나	모으다	जमा होना	저마 호나	수집되다
याद करना	야드 꺼르나	기억하다	याद होना	야드 호나	기억되다
नाश करना	나시 꺼르나	파괴하다	नाश होना	나시 호나	파괴되다
शुरू करना	슈루- 꺼르나	시작하다	शुरू होना	슈루- 호나	시작되다

예문

① 셰카르는 그 방문을 닫았다.
 शेखर ने उस कमरे का दरवाज़ा बंद किया।
 셰커르 네 우쓰 꺼므레 까 더르바자 번드 끼야.

② 하인 두 사람은 방들을 청소한다.
 नौकर दोनों कमरे साफ़ करते हैं।
 노우꺼르 도농 꺼므레 싸프 꺼르떼 핸.

③ 아들이 아버지의 시중을 들었다.
 बेटा पिता जी की सेवा करता था।
 베따. 삐따 지- 끼- 쎄와 꺼르따 타.

④ 지금 그 방문이 잠겨져 있다.
 अब उस कमरे का दरवाज़ा बंद है।
 업 우쓰 꺼므레 까 더르바자 번드 해.

⑤ 여기서 아버지에게 시중을 들지 않는다.
　　यहाँ पिता जी की सेवा नहीं होती।
　　　여항- 삐따 지 끼- 쎄와 너힝- 호띠-.

⑥ 방 둘 다 깨끗하지 않다.
　　दोनों कमरों में सफ़ाई नहीं है।
　　　도농 꺼므롱 메- 써파이- 너힝- 해.

11.3 단계

표현 따라하기

11.3.1.

힌디에서도 영어의 'for me to do 내가 (일을) 하는 것'을 '**मेरा (काम) करना** 메라 (깜) 꺼르나'로 표현한다. 여기서 '**मेरा** 메라'가 의미상의 주어이다.

① 내가 (그들을) 만나는 것
　　मेरा (उनसे) मिलना
　　　메라 (운쎄) 밀르나

② 당신이 (모임에) 오는 것
　　आपका (मीटिंग में) आना
　　　압까 (미-띵. 메) 아나

③ 네가 (이곳에) 오는 것
　　तुम्हारा (यहाँ) आना
　　　뚬하라 (여항) 아나

④ 결혼식에 내가 가는 것은 필요하다.
　　शादी में मेरा जाना ज़रूरी है।
　　　샤디- 메 메라 자나 저루-리- 해.

⑤ 파티에 우리가 가는 것은 필연적이다.
　　पार्टी में हमारा जाना आवश्यक है।
　　　빠르띠.-메 허마라 자나 아버쉬야끄 해.

⑥ 모임에 모두가 간다는 것은 불가능하다.
　　मीटिंग में सब का जाना संभव नहीं है।
　　　미-띵. 메 쌉 까 자나 썸버브 너힝- 해.

⑦ 당신이 되돌아 올 때까지 나는 매일 식사를 한다.
　　आप के वापस आने तक मैं रोज़ खाना खा लेता हूँ।
　　　압　께　바뻐쓰　아네　떠끄　매-　로즈　카나　카　레'따　훙-.

⑧ 7일 까지 나는 매달 봉급을 준다.
　　सात तरीख़ तक मैं हर महीने की तनख़्वाह दे देता हूँ।
　　　싸뜨　따리-크　떠끄　매-　허르　머히-네　끼-　떤크와흐　데　데따　훙-.

⑨ 라다는 8시 까지 매일 대학에 간다.
　　राधा आठ बजे तक रोज़ कॉलेज चली जाती है।
　　　라ʰ다　아트.　버제　떠끄　로즈　깔레'즈　쩔리'-　자띠-　해.

⑩ 내가 돌아올 때 까지 너는 왜 음식을 먹었느냐?
　　मेरे लौटने तक तुमने खाना क्यों खा लिया था।
　　　메레　로'우뜨.네떠끄　뚬네　카나　꾜온　카　리'야　타.

⑪ 당신이 말씀하시면, 제가 그 분에게 전화를 할 텐데.
　　आप कहते हैं तो मैं उन्हें फोन कर देता हूँ।
　　　압　께흐떼　행,　또　매-　운헹　폰　꺼르　데따　훙-.

⑫ 람은 식사를 했다. = 람은 식사를 이미 했다.
　　रामने खाना खा लिया है। = राम खाना खा चुका है।
　　　람네　카나　카　리'야　해. = 람　카나　카　쭈까　해.

⑬ 어머님은 식사를 하셨다. = 어머님은 이미 식사를 하셨다.
　　माँ ने भोजन खा लिया है। = माँ भोजन खा चुकी हैं।
　　　망　네　보ʰ전　카　리'야　해. = 망　보ʰ전　카　쭈끼-　행.

11.4 단계

힌디로 말하기 🎧

11.4.1. 매네저르 싸헙

A : 지배인님이 가셨습니까?
　　क्या मैनेजर साहब चले गये?
　　　꺄　매네저르　싸헙　쩔레'　거예?

B : 예, 오는 한 미팅에 이미 가셨습니다.
　　हाँ, वे आज एक मीटिंग में जा चुके हैं।
　　　항,　웨　아즈　에끄　미-띵.　메　자　쭈께　행.

A : 언제 가셨습니까?
कब गये?
껍 거예?

B : 가신지가 한 시간이 지났습니다.
उन्हें वहाँ गए एक घंटा हो गया है।
운헹 버항 거에 에끄 건따. 호 거야 해.

A : 부지배인님이 있습니까?
डेपुटी मैनेजर हैं?
데뿌띠.- 매네저르 행?

B : 아니오, 그 분도 이미 가셨습니다.
नहीं, वे भी जा चुके हैं।
너힝-, 웨 비- 자 쭈께 행.

11.4.2. 뿌쓰떠끄 책

C : 언제부터 힌디를 공부하고 있습니까?
आप कब से हिंदी सीख रहे हैं?
압 껍 쎄 힌디- 씨-크 러해 행?

D : 대략 2 개월부터. 바로 이 책으로 힌디를 공부하고 있습니다.
करीब दो महीने से। इसी पुस्तक से हिंदी सीख रहा हूँ।
꺼립- 도 머히-네 쎄. 이씨- 뿌스떡 쎄 힌디- 씨-크 러하 훙-.

C : 인제는 힌디 책들도 읽을 수 있지 않습니까?
अब तो आप हिंदी की किताबें भी पढ़ सकते हैं न?
업 또 압 힌디- 끼- 끼따벵 비-뻐르. 썩떼 행 너?

D : 지금까지(는요) 읽지 않았습니다. 저는 읽으려고 노력할 것입니다.
अभी तक तो नहीं पढ़ी। मैं पढ़ने की कोशिश करूँगा।
어비- 떠그 또 너힝- 뻐리.-. 매- 뻐르.네 끼- 꼬시쉬 꺼룽-가.

मुझे हिंदी सीखते दो महीने भी नहीं हुए।
무제 힌디- 씨-크떼 도 머히-네 비- 너힝 후에.

그러나 힌디 책을 읽을 수 있을 것 같습니다.
लेकिन मुझे लगता है कि मैं हिंदी की पुस्तक पढ़ सकता हूँ।
레'낀 무제 러'그따 해 끼 매- 힌디- 끼- 뿌스떡 뻐르. 썩끄따 훙-.

C : 당신은 읽을 수 있습니다.
   आप पढ़ सकते हैं।
    압   뻐르. 썩떼   행.

● 숫자연습 (10-100)

10. दस	더쓰	20. बीस	비-쓰
30. तीस	띠-쓰	40. चालीस	짤리-쓰
50. पचास	빠짜쓰	60. साठ	싸트.
70. सत्तर	썻떠르	80. अस्सी	엇씨-
90. नब्बे	넙베	100. सौ	쏘우

11.5 단계

함께 연습하기

11.5.1. 다음 문장을 'आज, कल, पिछले साल' 등을 이용하여 과거 시제로 변형하기.

① वह रोज छह बजे उठता है। (कल)
② राधा रोज पाँच बजे लौटती है। (पिछले साल)
③ मैं रोज सवेरे अखबार देखता हूँ। (कल)
④ क्या तुम रोज रेडियो पर गाने सुनते हो? (पिछले साल)
⑤ वह गाँव से आया है। (आज)
⑥ हम ने रतन को सौ रुपये दिये हैं। (आज)

---

① वह कल छह बजे उठा / उठी।
② राधा पिछले साल पाँच बजे लौटी।
③ मैंने कल सवेरे अखबार देखा।
④ क्या तुम पिछले साल रेडियो पर गाने सुनते थे?
⑤ वह आज गाँव से आता / आती है।
⑥ हम रतन को सौ रुपये देते हैं।

11.5.2. 괄호 속에 주어진 어휘로 복수어형으로 변형하기.

① मैंने एक केला खाया। (दो केले)
② उसने मुझे कल दस रुपये दिये थे। (सिर्फ़ एक रुपया)
③ हमने यह किताब पिछले साल पढ़ी थी। (ये सारे किताबें)
④ शर्मा जी एक चिट्ठी लिख चुके हैं। (दो चिट्ठियाँ)

---

① मैंने दो केले खाये।
② उसने मुझे कल सिर्फ़ एक रुपया दिया था।
③ हमने ये सारी किताबें पिछले साल पढ़ी थीं।
④ शर्मा जी दो चिट्ठियाँ लिख चुके हैं।

11.5.3. 질문에 힌디로 답하시오.

① क्या आप इंदिरा गांधी से मिले हैं/मिली है? (हाँ, एक बार)
② आप कल रात कितने बजे सोये थे/सोयी थी? (करीब दस बजे)
③ आप आज सवेरे कितने बजे उठे/उठी? (लगभग सात बजे)
④ क्या आप ताजमहल देख चुके हैं/चुकी हैं? (हाँ)

---

① हाँ, मैं एक बार उनसे मिला/मिली।
② मैं कल रात को करीब दस बजे सोया था/सोयी थी।
③ मैं आज सवेरे लगभग सात बजे उठा/उठी।
④ हाँ, मैं ताजमहल देख चुका हूँ/चुकी हूँ।

हमारा मकान
허마라 머깐 (우리 집)

◀ 빨래터의 전경

12.0

दिल्ली के उपनगर में हम रहते हैं। वहाँ हमारा एक छोटा सा मकान है।
딜'리'- 께 우쁘너거르 메 험 레흐떼 행. 바항 허마라 에끄 초따. 싸 머깐 해.

हमारे मकान की दो मंजिलें हैं।
허마레 머깐 끼- 도 먼질렝' 행.

नीचे की मंजिल में बैठक, रसोईघर, दलान और भोजन-कक्ष है।
니쩨 끼- 먼질 메 배터.끄, 러쏘이-거르, 덜란' 오우르 보전-꺽셔 해.

ऊपर की मंजिल में दो सोने के कमरे और खुली छत हैं।
우-뻐르 끼- 먼질' 메 도 쏘네 께 꺼므레 오우르 쿨리'- 처뜨 해.

घर के सामने एक छोटा सा बगीचा है।
거르 께 쌈네 에끄 초따. 싸 버기-짜 해.

घर के पीछे बड़ा बगीचा है, जिसमें घास का मैदान और फलों के पेड़ हैं।
거르 께 삐-체 벌라. 버기-짜 해, 지쓰메 가쓰 까 매단 오우르 펄롱 께 뻴르. 행.

우리는 델리 교외에 삽니다. 그곳에 조그마한 집이 있습니다.
우리 집은 2층집입니다.
아래 층에 거실, 부엌, 현관과 식당방이 있습니다.
위 층에 두 개의 침실과 옥상이 있습니다.
집 앞에 작은 정원이 있습니다.
집 뒤에 커다란 정원이 있고, 그 정원에 잔디밭과 과일 나무들이 있습니다.

12.1 단계

단어와 숙어 익히기

- **हम**
  험
  우리들

- **हमारा**
  허마라
  우리들의

- **उपनगर**
  쁘너거르
  m. 교외, 근교

- **मंजिल**
  먼질'
  f. (건물의) 층

- **बैठक**
  배터.끄
  f. 응접실, 거실

- **रसोई-घर**
  러쏘이-거르
  m. 부엌, 주방

- **दलान**
  덜란'
  m. 복도, 현관

- **भोजन-कक्ष**
  보전 껵셔
  m. 식당방

- **कमरा**
  꺼므라
  m. 방

- **छत**
  처뜨
  f. 지붕, 옥상, 천정

- **बगीचा = बाग़ीचा**
  버기-짜 = 바기-짜
  m. 정원

- **घास**
  가쓰
  f. 풀, 잔디

- **मैदान**
  매단
  m. 들, 들판

- **फल**
  펄'
  m. 과일, 실과

- **रहना**
  레흐나
  v. 살다, 거주하다

- **सोना**
  쏘나
  v. 잠자다

- **छोटा-सा**
  초따. 싸

  a. 조그마한

- **खुला**
  쿨라

  a. 열려있는, 널따란

- **नीचा**
  니-짜

  adv. 밑에, 아래에

- **ऊपर**
  우-뻐르

  adv. 위에

- **जिस**
  지쓰

  관계대명사 '**जो**'의 사격형

- **में**
  메

  adv. 에

12.2 단계

문법 따라잡기

12.2.1. '**सा**(싸)'의 용법

(1) 질과 양의 정도를 기술하는 형용사적 표현을 한다. 뒤에 오는 명사의 성수에 따라 '-सा 싸, -सी 씨-, -से 쎄'로 활용된다.

예문

푸르스름한 물	नीला-सा पानी	닐-라'싸 빠니-
좋은 책	अच्छी-सी किताब	엇치-씨- 끼땁
동일한 집들	एक-से मकान	에끄 쎄 머깐
많은 돈	बहुत-सा रुपया	버후뜨 싸 루뻐야
조그마한 가게	छोटी सी दुकान	조띠.-씨- 두깐
많은 사람들	बहुत-से लोग	버후뜨 쎄 로'그

(2) 유사성을 표현하는 용법

예문

사자 같은 마음　　शेर-सा दिल　　셰르 싸 딜'

| 나와 같은 사람 | मुझ-सा आदमी | 무즈ʰ 싸 아드미- |
| 개 같은 삶 | कुत्ते-सा जीवन | 꿋떼 싸 지-번 |

12.2.2. जैसा 재싸의 용법

이것은 '… 과 같은'의 뜻이다.

꽃 같은 어린아이	फूल जैसा बच्चा	풀'- 재싸 벗짜
사슴 같은 눈	हिरन जैसा आँखें	히런 재싸 앙켕
앵무새 같은 코	तोते जैसी नाक	또떼 재씨- 나끄
조개들과 같은 치아	मोतियों जैसे दाँत	모띠용 재쎄 당뜨
백조 같은 동태	हंस जैसी चाल	헌쓰 재씨- 짤'
표범 같은 날쌤	चीते जैसी तेजी	찌떼 재씨- 떼지-

12.3 단계

표현 따라하기

12.3.1. सा 싸

① 모든 아이들은 하나 같지 않다.
 सब बच्चे एक-से16 नहीं होते।
  썹 벗쩨 에끄쎄 너힝 호떼.

② 그의 시에 꿀 같은 달콤한 맛이 있다.
 उसकी कविता17 में शहद-सी मिठास है।
  우쓰끼- 꺼비따 메 셔허드 씨- 미타-쓰 해.

③ 그의 달 같은 얼굴은 아름답다.
 उसका चाँद-सा चेहरा सुंदर लगता है।
  우쓰까 짠드 싸 쩨흐라 쑨더르 러'그따 해.

알아두기 16. a. 유사한, 동일한   17. f. 시

④ 집 앞에 조그마한 정원이 있다.
घर के सामने एक छोटा-सा बगीचा है।
거르 께 쌈네 에끄 초따. 싸 버기-짜 해.

⑤ 제게 좋은 책 한 권을 주세요.
मुझे एक अच्छी-सी पुस्तक दीजिए।
무제 에끄 엇치- 씨- 뿌쓰떠끄 디-지에.

⑥ 나는 열이 나는 듯하다.
मुझे बुखार-सा लग रहा है।
무제 부카르 싸 러'그 러하 해.

⑦ 너와 같은 사람은 이 일에 맞다.
तुम-सा आदमी इस काम के लायक है।
뚬 싸 아드미- 이쓰 깜 께 라'여끄 해.

12.3.2. जैसा 재싸

① 석탄은 까마귀 같이 까맣다.
कोयल कौवे जैसी काली होती है।
꼬열' 꼬우웨 재씨- 깔리'- 호띠- 해.

② 호랑이는 사자와 같은 육식주의자다.
बाघ शेर जैसा मांसाहारी[18] है।
바그 셰르 재싸 만싸하리- 해.

③ 소는 염소 같은 채식주의자이다.
गाय बकरी जैसी शाकाहारी[19] है।
가이 버끄리- 재씨- 샤까하리- 해.

④ 어쇼끄와 머던은 둘 다 비슷하다.
अशोक और मदन दोनों एक बराबर[20] हैं।
어쇼끄 오우르 머던 도농 에끄 버라버르 행.

⑤ 어쇼끄는 키가 머던과 같다.
अशोक और मदन एक जैसे ही है।
어쇼끄 꺼드 멩 머던 에끄 제쎄 히- 해.

알아두기   **18.** a. 육식주의의   **19.** a. 채식주의의 m. 채식

⑥ 나 같은 사람은 일을 못한다.
मुझ जैसा आदमी काम नहीं करता।
무즈 재싸 아드미 깜 너힝- 꺼르따.

12.4단계

힌디로 말하기 🎧

12.4.1. 상황 1

A : 언제까지 머무르시겠어요?
कब तक रहेंगे ?
껍 따끄 러헹게 ?

B : 어머님의 눈을 치료하러 왔습니다.
माता जी की आँख का इलाज[21] कराने आये हैं।
마따 지- 끼- 앙크 까 일라'즈 꺼라네 아예 행.

지금 바로 10여일 머물겠습니다.
अभी आठ-दस दिन रहेंगे।
어비- 아트. 더쓰 딘 러헹게.

A : 지금 무슨 일로 왔습니까?
अभी कैसे आना हुआ ?[22]
어비- 깨쎄 아나 후아 ?

B : 아버님은 시골에서 감자를 가져왔습니다.
पिता जी गाँव से आलू[23] ले आये हैं।
삐따 지- 강우 쎄 알루'- 레' 아예 행.

저는 감자를 조금 당신을 위해 가져왔습니다.
मैं थोड़े से आलू आप के लिए ले आया हूँ।
매- 톨레. 쎄 알루'- 압 께 리'에레' 아야 훙-.

알아두기

20. a. adv. 평등한, 나란히, 비슷한   **21.** m. 치료
22. कैसे आना हुआ ? = किस काम से आये ? कहिए, क्या काम है ?
23. m. 감자

A : 감사합니다. 당신은 그 분들을 가끔 모시고 오세요.
　　धन्यवाद। आप उन लोगों को कभी ले आइएगा।
　　던여바드.　압　운　로'공　꼬　꺼비-　레'　아이에가.

12.4.2. 상황 2

C : 뭄바이가 얼마나 큰 도시인지! 뭄바이 같은 곳이 아무데도 없다.
　　मुंबई कितना बड़ा शहर है! मुंबई जैसा और कोई नहीं है।
　　뭄버이-　끼뜨나　벌라.　셰허르　해！뭄버이-　재싸　오우르　꼬이-　너힝-　해.

D : 예, 그러나 뭄바이 같은 붐비는 것도 모든 곳에 없다.
　　हाँ, लेकिन मुंबई जैसी भीड़ तो नहीं है हर जगह।
　　항,　레'낀　뭄버이-　재씨-　빌-르　비-또　너힝-　해　허르　저거흐.

C : 뭄바이에 기차, 버스 등이 얼마나 편리한지요!
　　मुंबई में रेल, बस आदि की कितनी सुविधा 24 है!
　　뭄버이-　메　렐,　버쓰　아디　끼-　끼뜨니-　쑤비다　해.

　　뭄바이와 같이 편안한 곳은 그 밖의 어디에 접하지 못한다.
　　मुंबई जैसा आराम 25 और कहीं नहीं मिल सकता।
　　뭄버이-　재싸　아람　오우르　꺼힝　너힝　밀'　써끄따.

D : 그렇지만 넌 마드라스 철도에 뭄바이 처럼 붐비는 것을 보았느냐?
　　लेकिन तुमने मद्रास की रेलों में मुंबई जैसी भीड़ 26 देखी है?
　　레'낀　뚬네　머드라쓰　끼-　레롱'　메　뭄버이-　재씨-　빌-르.　데키-　해？

C : 뭄바이 처럼 붐비지는 않지만 수많은 공장 때문에 붐비기도 하겠지요.
　　मुंबई जैसी भीड़ तो नहीं, है।
　　뭄버이-　재씨-　빌-르.　또　너힝-　행,

　　लेकिन कई कारखाने होने के कारण भीड़ तो होगी ही।
　　레'낀　꺼이-　까르카네　호　께　까란.　빌-르.　또　호기-　히-.

◎ 숫자연습

1. 0(영) ; **शून्य**　순여　　　　　2. 천 ; **हज़ार**　허자르
3. 만 ; **दस हज़ार**　더쓰 허자르　　4. 십만 ; **लाख**　라'크

알아두기
24. f. 편리, 편익　　25. m. 휴식, 안락
26. f. 군중, 붐빔

5. 천만 ; **करोड़**　꺼롤르.　　6. 억 ; **दस करोड़**　더쓰 꺼롤르.
7. 십억 ; **अरब**　어럽　　　　8. 천억 ; **खरब**　커럽

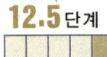

함께 연습하기

12.5.1. 번역하기

① मुझे नींद सी आ रही है।
② मुझे थोड़ा-सा समय और दीजिए।
③ वह मित्र जैसा दिखता है।
④ उसके हाथ में तलवार जैसा हथियार था।
⑤ इस देश को तुम जैसे परिश्रमी युवकों की आवश्कता है।

---

① 나는 졸음이 오는 듯하다.
② 제게 조금의 시간을 더 주십시오.
③ 그는 친구처럼 보인다.
④ 그의 손에 칼과 같은 무기가 있었다.
⑤ 이 나라는 너와 같은 근면한 젊은이들을 필요로 한다.

12.5.2. 힌디로 작문하기

① 그녀는 초록색깔의 싸리를 입고 있다.
② 너와 같은 친구를 갖는다는 것은 매우 어렵다.
③ 약간의 우유가 남아 있다.
④ 그의 목소리는 소녀와 같은 소리다.
⑤ 이것은 망고와 같은 과일이다.

---

① वह हरी-सी साड़ी पहनती है।
② तुम जैसा मित्र पाना बड़ा कठिन है।

③ थोड़ा-सा दूध बाकी है।
④ उसकी आवाज लड़की-सी है।
⑤ यह आम जैसा फल है।

▲ 엘로라 힌두석굴의 꺼일라샤(Kailasha) 신전에 들어서면, 실물크기의 두 마리 코끼리가 있는데, 그 중에 하나다.

मनुष्य और शरीर [27]
머누셔 오우르 셔리-르 (인간과 신체)

▶ 궁전호텔에서 바라보는 삐쫄라호수

13.0

चित्र में सुंदर महिला नाच रही है।
찌뜨러 메 쑨더르 머힐라' 나쯔 러히 해.

उसका सिर, धड़ और हाथ-पाँव एक विशेष मुद्रा में है।
우쓰까 씨르, 덜르. 오우르 하트 빵우 에끄 비셰쉬 무드라 메 해.

सिर, धड़ और हाथ-पाँव हमारे शरीर के मुख्य भाग हैं।
씨르, 덜르. 오우르 하트 빵우 허마레 셔리-르 께 무켬 바그 행.

सिर और धड़ को गरदन जोड़ती है।
씨르 오우르 덜르. 꼬 거르던 졸루.띠- 해.

शरीर के सब से नाज़ुक तथा कोमल अंग हृदय और फेफड़े हैं।
셔리-르 께 썹 쎄 나주끄 떠타 꼬멀' 앙그 흐리더이 오우르 페플레. 행.

फेफड़ों के नीचे हृदय है।
페플롱. 께 니쩨 흐리더이 해.

हृदय पसलियों के पंजर के अंदर सुरक्षित है।
흐리더이 뻐쓸리'용 께 뻔저르 께 언더르 쑤럭시뜨 해.

사진에 아름다운 여인이 춤추고 있다.
그녀의 머리, 몸통과 팔다리가 특별한 포즈를 취한다.
머리, 몸통과 팔다리는 우리 신체의 중요한 부분들이다.
머리와 몸통을 목이 연결한다.
신체 중에서 가장 부드러운 일부는 심장과 허파들이다.
허파 아래에 심장이 있다.
심장은 갈비뼈 골격 안에 보호를 받는다.

27. 사리(舍利)는 싼스끄리뜨의 Sharir(a)(शरीर) 어휘에서 나온 말로 이를 음역한 것으로 일반적으로 신체나 구성요소를 의미한다. 이것은 특히 부처나 성자의 유골을 의미한다. 현재는 성자들의 시신을 화장한 후 유골에서 가려낸 구슬 모양의 작은 결정체를 지칭한다.

13.1 단계

단어와 숙어 익히기

• अंग 앙그	m. 부분, 신체	
• कोमल 꼬멀'	a. 부드러운	
• गरदन 거르던	f. 목	
• जोड़ना 졸르.나	v. 잇다, 연결하다	
• धड़ 더르.	m. 몸통	
• नाचना 나쯔나	v. 춤추다	
• नाज़ुक 나주끄	a. 섬세한	
• पंजर 뻔저르	m. 골격	
• पसली 뻐쓸리-	f. 갈빗대	
• पाँव 빵우	m. 발	
• फेफड़ा 페플라.	m. 허파	
• भाग 바그	m. 부분	
• महिला 머힐라'	f. 숙녀	
• मुख्य 무켜	a. 주요한	
• मुद्रा 무드라	f. 포즈, 자세	
• शरीर 셔리-르	m. 신체, 몸	

- सिर　　　　　　　m. 머리
  씨르
- हृदय　　　　　　 m. 심장
  흐리더이

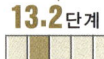

문법 따라잡기

13.2.1. 비교

힌디어는 원급, 비교급과 최상급이라는 3 종류로 분류하여 설명한다. 원급은 비교하지 않고, 비교급과 최상급은 'से 쎄'를 이용하여 표현한다.

(1) 원급

① 모한 부지런한 소년이다.
　　मोहन मेहनती लड़का है।
　　모헌　메흐너띠-　럴'르.까　해.

② 꺼믈라는 착한 소녀이다.
　　कमला अच्छी लड़की है।
　　꺼므라　엇치-　럴'르.끼-　해.

(2) 비교급

① 모한 꺼믈라 보다 작다.
　　मोहन कमला से छोटा है।
　　모헌　꺼믈라'　쎄　초따.　해.

② 내 집은 네 집보다 크다.
　　मेरा घर तुम्हारे घर से बड़ा है।
　　메라　거르　뚬하레　거르　쎄　벌라.　해.

(3) 최상급

① 당신은 가장 키가 크다.
　　आप सब से बड़े हैं।
　　압　썹　쎄　벌레.　행.

② 씨따는 가장 아름답다.
　　सीता सब से सुंदर है।
　　　씨-따　썹　쎄　쑨더르 해.

(4) 형용사와 형용사 사이에 से 쎄 로 연결하여 최상급으로 표현하기도 한다.

　① 제일 좋은 사람
　　अच्छे से अच्छा आदमी
　　　엇체　쎄　엇차　아드미-

　② 제일 좋은 여성
　　अच्छी से अच्छी औरत
　　　엇치-　쎄　엇치-　오우러뜨

　③ 제일 나쁜 행위
　　बुरे से बुरा कार्य
　　　부레　쎄　부라　까려

　④ 제일 힘든 일
　　मुश्किल से मुश्किल[28] काम
　　　무쉬낄'　쎄　무쉬낄'　깜

(5) 비교급의 경우에 'से 쎄' 대신에 사용하는 관용어구가 있다.

　다음은 '… 보다'와 같은 의미의 '…과 비교하여'의 관용어들이다.

　예문

　की अपेक्षा 　끼- 어빽샤
　की तुलना में 　끼- 뚜르'나 메
　के मुकाबले में 　께 무까블레' 메
　की बनिस्बत 　끼- 버니쓰버뜨

　① 씨따는 아샤와 비교하여 아름답다.
　　सीता आशा की अपेक्षा सुंदर है।
　　　씨-따　아샤　끼-　어빽샤　쑨더르 해.

알아두기　28. a. 어려운, 힘든

② 씨따는 아샤보다 아름답다
सीता आशा की मुकाबले सुन्दर है।
씨-따 아샤 끼- 무까블레' 쑨더르 해.

13.3 단계

표현 따라하기

13.3.1.

① 오른 쪽 폐가 왼 쪽 폐보다 크다.
दाहिना फेफड़ा[29] बाएँ फेफड़े की अपेक्षा बड़ा है।
다히나 페플라. 바엥 페플레 끼- 어빽샤 벌라. 해.

② 세상에 건강보다 더 낳은 어떤 것은 없다.
स्वास्थ्य[30] से बढ़कर दुनिया में कोई चीज़ नहीं।
쓰와쓰턔 쎄 버르.꺼르 두니야 메 꼬이- 찌-즈 너힝-.

③ 라다도 더 키가 크지만 내가 가장 크다.
राधा और भी लंबी है, लेकिन मैं सब से लंबा हूँ।
라다 오우르 비- 럼'비- 해, 레'낀 매 썹 쎄 럼'바 훙-.

④ 이들 책들 중에서 이것이 가장 좋다.
इन किताबों से यह सब से अच्छी है।
인 끼따봉 쎄 예흐 썹 쎄 엇치- 해.

⑤ 여기에 5 소년들이 있다.
यहाँ पाँच लड़के हैं।
여항 빵쯔 럴'르.께 행.

이들 중에 "꺼" 가 가장 작은 소년이다.
इन में "क" सबसे छोटा लड़का है।
인 메 "꺼" 썹쎄 초따. 럴'르.까 해.

⑥ 가장 큰 소년은 누군가?
सबसे बड़ा लड़का कौन है?
썹쎄 벌라. 럴'르.까 꼬운 해?

꺼 커 거 거 쩌

알아두기 **29.** m. 허파 **30.** m. 건강

"거"는 가장 큰 소년이다.
"ग" सबसे बड़ा लड़का है।
"거" 썹쎄 벌라. 럴'르.까 해.

"거" 와 "쩌" 둘 다 비슷하다.
"घ" और "च" दोनों बराबर हैं।
"거" 오우르 "쩌" 도농 버라버르 행.

⑦ "꺼" 와 "커" 둘 다 비슷한가?
क्या "क" और "ख" दोनों बराबर हैं?
꺄 "꺼" 오우르 "커" 도농 버라버르 행?

아니오, "꺼"는 작고, "커"는 크다.
नहीं, "क" छोटा है, "ख" बड़ा।
너힝-, "꺼" 초따. 해, "커" 벌라..

⑧ 어느 나라가 세계에서 가장 큽니까?
कौनसा देश विश्व[31] में सबसे बड़ा है?
꼬운싸 데쉬 비쉬브 메 썹쎄 벌라. 해?

크기에 있어서 러시아가 세계에서 가장 큽니다.
आकार में रूस विश्व में सबसे बड़ा है।
아까르 메 루-쓰 비쉬브 메 썹쎄 벌라. 해.

그러나 인구에 있어서 중국이 가장 큽니다.
लेकिन आबादी में चीन सबसे बड़ा है।
레'낀 아바디- 메 찐- 썹쎄 벌라. 해.

13.4 단계

힌디로 말하기 🎧

13.4.1. सब से बड़ा 썹쎄 벌라. (가장 큰)

A : 델리에서 가장 큰 건물은 무엇인가요?
दिल्ली में सबसे बड़ा मकान कौन-सा है?
딜리- 메 썹쎄 벌라. 머깐 꼬운-싸 해?

알아두기   **31.** m. 세계   **32.** m. 대통령궁   **33.** f. 빌딩

B : 델리에서 가장 큰 건물은 대통령의 궁이다.
राष्ट्रपति भवन 32 दिल्ली की सबसे बड़ी इमारत 33 है।
라시뜨.러뻐띠 버번 딜'리'- 까 썹쎄 벌리.- 이마러뜨 해.

A : 인도에서 가장 큰 주는 어느 주 인가요?
भारत का सबसे बड़ा प्रांत 34 कौन-सा है?
바러뜨 까 썹쎄 벌라. 쁘란뜨 꼬운- 싸 해?

B : 마댜 주는 크기로 가장 크다.
मध्य प्रदेश आकार 35 में सबसे बड़ा है।
머댜 쁘러데시 아까르 메 썹쎄 벌라. 해.

북 주는 인구로 가장 크다.
उत्तर प्रदेश आबादी में सबसे बड़ा है।
웃떠르 쁘러데시 아바디- 메 썹쎄 벌라. 해.

거기에 1억 2천만명의 사람이 거주하고 있다.
वहाँ 12 करोड़ 36 लोग रहते हैं।
버항 바라흐 꺼롤.- 로'그 레흐떼 행.

13.4.2. किताब 끼땁 (책)

C : 샤르마 씨, 저 두꺼운 책은 어떤 것이지요?
शर्मा जी, वह मोटी किताब कौन-सी है?
셔르마 지-, 웨흐 모띠.- 끼땁 꼬운-씨- 해?

D : 어떤 것이요? 첫 번째 것이요?
कौन-सी? पहली वाली?
꼬운- 씨- ? 뻬흘리'- 왈리- ?

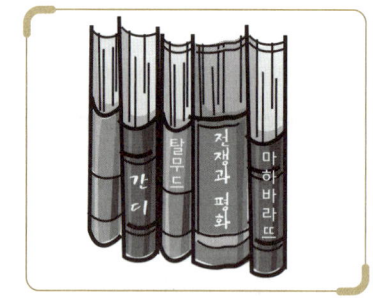

C : 아니요, 오른 쪽에서 두 번째 것입니다.
नहीं, दाईं से दूसरी वाली है।
너힝-, 다잉- 쎄 두-쓰리 왈리'- 해.

D : 그것은 "전쟁과 평화"입니다.
वह "वार एंड पीस" है।
웨흐 "와르 엔드. 삐-쓰" 해.

32. m. 대통령궁	**33.** f. 빌딩	**34.** m. 주, 도	**35.** m. 크기, 넓이
36. a. 천만의			

톨스토이의 소설입니다.
तोलस्तोय का उपन्यास[37]।
똘'쓰또이   까   우뻐냐쓰.

매우 훌륭한 책입니다.
बड़ी अच्छी किताब है।
벌리-   엇치-   끼땁   해.

C : 그리고 맨 끝에 있는 것은요?
और वह अखिरी[38] **वाली ?**
오우르 웨흐   아키리-   왈리'- ?

D : 그것은 "마하바라뜨"입니다.
वह "महाभारत"[39] **है।**
웨흐   "머하바러뜨"   해.

◎ 신체부위의 명칭

1. 머리	**सिर** 씨르		2. 머리카락	**बाल** 발	
3. 이마	**माथा** 마타		4. 관자놀이	**कनपटी*** 껀뻐띠.-	
5. 눈썹	**भौं, भौंह*** 보웅(흐)		6. 눈	**आँख*** 앙크	
7. 눈꺼풀	**पलक*** 뻘러끄		8. 속눈썹	**बरुनी, बरौनी** 버루니-, 버로우니-	
9. 눈동자	**पुतली*** 뿌뜰리-		10. 귀	**कान** 깐	
11. 코	**नाक*** 나끄		12. 뺨	**गाल** 갈	
13. 얼굴	**चेहरा** 쩨흐라		14. 입	**मुँह, मुख** 뭉흐, 무크	
15. 입술	**होंठ*** 홍트.		16. 혀	**जीभ*** 지-브	
17. 치아	**दाँत** 단뜨		18. 턱	**जबड़ा** 저블라.	
19. 턱끝	**ठुड्डी, ठोड़ी*** 툿.디. 톨.리.		20. 목	**गरदन*** 거르던	
21. 목구멍	**गला** 걸라		22. 어깨	**कंधा** 껀다	
23. 겨드랑이	**बगल*** 버걸		24. 팔	**बाँह*** 방흐	
25. 팔꿈치	**कोहनी*** 꼬흐니-		26. 손목	**कलाई*** 껄라이-	

알아두기

37. m. 소설   **38.** a. 맨 끝의, 마지막의
39. 마하바라따는 BC 400~AD 200년경에 완성된 것으로 라마야나와 더불어 인도 2대 서사시이다. 이는 높은 문학적 가치 뿐 만 아니라 종교적 감동을 주는 작품이다. 마하바라따는 친척인 까우라바가(家)와 빤다바가(家) 사이에 벌어진 권력투쟁이 한 영웅을 중심으로 전개된 수많은 전설과 교훈을 담고 있다. 마하바라따에 힌두교 성전이라는 바가바드기따(Bhagavadgītā ; 主神의 노래)가 들어 있다.

27. 손	हाथ 하트			28. 손바닥	हथेली 허텔리-	
29. 손가락	उँगली* 웅글리-			30. 엄지손가락	अंगूठा 엉구-타.	
31. 손톱	नाखून 나쿤			32. 가슴	छाती 차띠-	
33. 배	पेट 뻬트.			34. 넓적다리	जाँघ* 장그	
35. 무릎	घुटना 구트.나			36. 종아리	पिंडली* 삔들.리-	
37. 발	पाँव, पैर 빵우, 빼르			38. 발목	टखना 떠.크나	
39. 발뒤꿈치	एड़ी* 엘리.-			40. 발바닥	तलवा 떨와	
41. 발가락	पाँव की उँगली 빵우 끼- 웅글리-			42. 다리	टाँग* 땅그	

◎ 신체 내부

1. 내장	आँत* 안뜨		2. 간	कलेजा 껄레자	
3. 신장	गुरदा 구르다		4. 피부	त्वचा* 뜨워짜	
5. 심장	हृदय 흐리더여		6. 늑골	पसलियाँ 뻐슬리양	
7. 허파	फेफड़े 페플레		8. 근육	मांसपेशी* 만쓰뻬시-	
9. 방광	मूत्राशय 무-뜨라셔여		10. 혈관	रग* 러그	

◎ 숫자연습 (서수)

1. 첫번째	पहला 뻐흘라		2. 두번째	दूसरा 두-쓰라	
3. 세번째	तीसरा 띠-쓰라		4. 네번째	चौथा 쪼우타	
5. 다섯째	पाँचवाँ 빵쯔방		6. 여섯째	छठा 처타.	
7. 일곱째	सातवाँ 싸뜨방		8. 여덟째	आठवाँ 아트.방	
9. 아홉째	नवाँ 너방		10. 열째	दसवाँ 더쓰방	

함께 연습하기

13.5.1. 다음 문장을 읽고 질문에 답하시오.

शर्मा जी के पाँच बच्चे हैं। मोहन उनमें सबसे बड़ा है। अशोक शर्मा जी का सबसे छोटा बच्चा है। मोहन विमल से बड़ा है और विमल अशोक से। राधा गीता की बड़ी बहन है। वह गीता से बड़ी

है। गीता छोटी बहन है। वह राधा से छोटी है। क्या गीता अशोक से बड़ी है? हाँ, वह अशोक से बड़ी है। क्या विमल गीता से बड़ा है? हाँ, वह गीता और अशोक से बड़ा है।

셔르마 지- 빵쯔 벗쩨 행. 모헌 운메 썹 쎄 벌라. 해. 어쇼끄 셔르마 지- 까 썹 쎄 초따. 벗짜 해. 모헌 비멀' 쎄 벌라. 해 오우르 비멀' 어쇼끄 쎄. 라다 기-따 끼- 벌리.- 베헌 해. 웨흐 기-따 쎄 벌리.- 해. 기-따 초띠.- 베헌 해. 웨흐 라다 쎄 초띠.- 해. 꺄 기-따 어쇼끄 쎄 벌리.- 해? 항, 웨흐 어쇼끄 쎄 벌리.- 해. 꺄 비멀' 기-따 쎄 벌라. 해? 항, 웨흐 기-따 오우르 어쇼끄 쎄 벌라. 해.

샤르마 씨에게 5 아이들이 있다. 모한 그 중에 가장 크다. 아쇽은 샤르마 씨듸 가장 작은 아들이다. 모한은 비말 보다 크고, 비말은 아쇽 보다 크다. 라다는 기따 의 큰 언니이다. 그는 기따 보다 크다. 기따는 작은 자매이다. 그는 라다보다 작다. 기따는 아쇽 보다 큽니까? 예, 그는 아쇽 보다 크다. 비말은 기따 보다 큽니까? 예, 그는 기따와 아쇽보다 크다.

① गीता का छोटा भाई कौन है ?
　　기-따 까 초따. 바이- 꼬운 해 ?
② कौन राधा से बड़ा है ?
　　꼬운 라다 쎄 벌라. 해 ?
③ कौन विमल से बड़ी है ?
　　꼬운 비멀' 쎄 벌리.- 해 ?
④ कौन सब से छोटा है ?
　　꼬운 썹 쎄 초따. 해 ?

----

① वह अशोक है। ② वह मोहन है। ③ वह गीता है। ④ वह विमल है।

13.5.2. 괄호 속에 알맞은 어휘를 채우시오.

① यह घड़ी उस घड़ी (　　　) बड़ी है।
② वह घड़ी (　　　) घड़ी से (　　　) है।
③ यह लड़का (　　　) लड़के (　　　) कद में बड़ा (　　　) ?
④ (　　　) लड़का इस (　　　) से उम्र (　　　) बड़ा है।
⑤ ये दोनों लड़कियाँ कद में बराबर हैं। लेकिन पहली लड़की उम्र में (　　　) है और (　　　) छोटी।

----

　　① से ② इस ; छोटी ③ इस; से ; है ④ वह; लड़के;में ⑤ बड़ी; दूसरी

आबादी
아바디- (인구)

▲ 신발 가게

14.0

हमारा देश गरीब है।
허마라 데시 거리-브 해.

इसकी आबादी बहुत ज़्यादा है।
이쓰끼- 아바디- 버후뜨 즈야다 해.

हमें आबादी को रोकना चाहिए।
하멩- 아바디- 꼬 로끄나 짜히에.

हमें आबादी को कम करने के उपाय सोचने होंगे।
허멩- 아바디- 꼬 껌 꺼르네 께 우빠이 쏘뜨네 홍게.

우리 나라는 가난하다.
인구는 매우 많다.
우리는 인구증가를 막아야 한다.
인구를 감소시키기 위한 방안을 궁리해야 할 것이다.

14.1 단계

단어와 숙어 익히기

- **आधुनिक** a. 현대적
  아두니끄
- **आबादी** f. 인구
  아바디-
- **उपाय** m. 수단, 방법, 방안
  우빠이
- **कम** a. 작은, 소규모의
  껌
- **गरीब** a. 가난한
  거리브
- **रोकना** v. 막다, 멈추다, 방해하다, 중지하다
  로끄나
- **सोचना** v. 생각하다, 궁리하다
  쏘쯔나

14.2 단계

문법 따라잡기

14.2.1. 가정법 용법

(1) 불확실한 상황이나 미래에 일어날 것을 예상하거나 기대하는 행위를 나타낸다.

| 미완료 현재분사 | 동사원형 + **ता** 따 + **होगा** 호가 / **होगी** 호기-

		남 성	여 성
단 수	1 인칭	मैं जाता होऊँगा 매- 자따 호웅-가	मैं जाती होऊँगी 매- 자띠- 호웅-기-
	2 인칭	तू जाता होगा 뚜- 자따 호가	तू जाती होगी 뚜- 자띠- 호기-
	3 인칭	वह जाता होगा 웨흐 자따 호가	वह जाती होगी 웨흐 자띠- 호기-
복 수	1 인칭	हम जाते होंगे 험 자떼 홍게	हम जाती होंगी 험 자띠- 홍기-
	2 인칭	तुम जाते होंगे 뚬 자떼 홍게 आप जाते होंगे 압 자떼 홍게	तुम जाती होंगी 뚬 자띠- 홍기- आप जाती होंगी 압 자띠- 홍기-
	3 인칭	वे जाते होंगे 웨 자떼 홍게	वे जाती होंगी 웨 자띠- 홍기-

① 여기에 델리 가는 길일 것이다.
 यहाँ से दिल्ली (जाने) का मार्ग जाता होगा।
 여항 쎄 딜'리'- (자네) 까 마르그 자따 호가.

② 두 분이 오실 것입니다.
 दो लोग आते होंगे।
 도 로'그 아떼 홍게.

(2) 어느 목적이나 허락, 조건, 의문, 소망이나 권고와 같은 가능성이나 기원을 나타낸다.

미완료 현재분사 + होना 호나 기원법 (होऊँ 호웅-, हो 호, हों 홍)

		남 성	여 성
단 수	1 인칭	मैं जाता हूँ 매- 자따 호웅-	मैं जाती हूँ 매- 자띠- 호웅-
	2 인칭	तू जाता हो 뚜- 자따 호	तू जाती हो 뚜- 자띠- 호
	3 인칭	वह जाता हो 웨흐 자따 호	वह जाती हो 웨흐 자띠- 호
복 수	1 인칭	हम जाते हों 험 자떼 홍	हम जाती हों 험 자띠- 홍
	2 인칭	तुम जाते होओ 뚬 자떼 호오 आप जाते हों 압 자떼 홍	तुम जाती होओ 뚬 자띠- 호오 आप जाती हों 압 자띠- 홍
	3 인칭	वे जाते हों 웨 자떼 홍	वे जाती हों 웨 자띠- 홍

③ 가도 될까요?
   मैं जाऊँ?
   매- 자웅- ?

④ 댁에 가지 마세요.
   आप घर न जायें।
   압 거르 너 자옝.

⑤ 이 책을 꼭 읽으세요.
   यह किताब अवश्य⁴⁰ पढ़ें।
   예흐 끼땁 어버시여 뻐렝.

⑥ 우리가 이것을 어떻게 할까요?
   हम इसे कैसे करें?
   험 이쎄 깨쎄 꺼렝?

알아두기　**40.** adv. 분명히

14.3 단계

표현 따라하기

14.3.1

① 오늘은 일요일이다. 아마 모든 상점들이 문을 닫는다.
आज इतवार है। शायद सारी दुकानें बंद हों।
아즈 이뜨와르 해. 샤여드 싸리- 두까넹 번드 홍.

② 오늘은 매우 뜨겁다. 아마 뜨거운 바람이 불 것이다.
आज बहुत धूप है। शायद लू(= बहुत गरम हवा) चले।
아즈 버후뜨 두͑-쁘 해. 샤여드 루'- (=버후뜨 거름 허와) 쩔레'.

③ 하늘에 구름이 있다. 아마 비가 올 것이다.
आसमान में बादल है। शायद पानी बरसे।
아쓰만 메 바덜' 해. 샤여드 빠니- 버르쎄.

④ 모한은 많은 일이 있다. 아마 그는 파티에 오지 않을 것이다.
मोहन को बहुत काम है। वह शायद पार्टी में न आए।
모헌 꼬 버후뜨 깜 해. 웨흐 샤여드 빠르띠.- 메 너 아에.

⑤ 오늘 비가 온다. 아마 모든 사람들이 파티에 올 수 없을 것이다.
आज बारिश है। शायद सब लोग पार्टी में न आ सकें।
아즈 바리쉬 해. 샤여드 썹 로'그 빠르띠.- 메 너 아 써껭.

⑥ 이 차는 작다. 아마 우리 모두 이 차에 탈 수 없을 것이다.
यह गाड़ी छोटी है। शायद हम सब इस में न बैठ सकें।
예흐 갈리.- 초띠.- 해. 샤여드 험 썹 이쓰 메 너 배트. 써껭.

⑦ 소나기 비가 온다. 모한은 아마 놀러 갈 수 없을 것이다.
बहुत तेज बारिश है। मोहन शायद खेलने न जा सके।
버후뜨 떼즈 바리쉬 해. 모헌 샤여드 켈르'네 너 자 써께.

⑧ 분명히 저녁에 올 것이다. 아마 저녁에 올 것이다.
ज़रूर शाम को आएगा। शायद शाम को आए।
저루-르 샴 꼬 아에가. 샤여드 샴 꼬 아에.

⑨ 그 사람들은 분명히 집에 있을 것이다. 그 사람들은 아마 집에 있을 것이다.
वे लोग ज़रूर घर पर होंगे। वे लोग शायद घर पर हों।
웨 로'그 저루-르 거͑르 뻐르 홍게. 웨 로'그 샤여드 거͑르 뻐르 홍.

⑩ 그는 분명히 내일 올 것이다. 그는 내일 올 것이다.
   वह ज़रूर कल आएगी। वह शायद कल आए।
   웨흐 저루-르 껄' 아에기-. 웨흐 샤여드 껄' 아에.

14.4 단계

한디로 말하기

14.4.1. आऊँ 아웅(올까요?)

A : 안에 들어가도 될까요?
   क्या मैं अंदर आऊँ?
   꺄 매- 언더르 아웅-?

B : 예, 예, 들어오세요, 앉으세요.
   हाँ, हाँ, आइए। बैठिए।
   항, 항, 아이에. 배티.에.

A : 제가 이 서류를 가져가도 될까요?
   क्या मैं यह फ़ाइल ले लूँ?
   꺄 매- 예흐 파일' 레' 룽'-?

B : 지금 바로 가져가지 마세요.
   अभी मत लीजिए।
   어비- 머뜨 리'-지에.

저녁때까지 드릴까요?
   क्या मैं शाम तक दे दूँ?
   꺄 매- 샴 떡 데 둥-?

A : 그래요, 저녁에 바로 주세요.
   अच्छा, शाम को ही दीजिए।
   엇차, 샴 꼬 히- 디-지에.

4시에 올까요?
   मैं चार बजे आ जाऊँ?
   매- 짜르 버제 아 자웅-?

B : 예, 오십시오.
   हाँ, आ जाइए।
   항, 아 자이에.

14.4.2. तबियत 떠비야뜨(건강)

C : 제가 안에 들어갈까요?
  मैं अंदर आऊँ?
  매- 언더르 아웅-?

D : 예, 들어오세요. 말씀하세요, 일이 있으세요?
  हाँ, आइए। कहिए, क्या काम है?
  항, 아이에. 꺼히에, 꺄 깜 해?

C : 오늘 제 건강이 좋지 않습니다.
  आज मेरी तबियत ठीक नहीं है।
  아즈 메리- 떠비여뜨 티-끄 너힝- 해.

  저는 미열이 있습니다.
  मुझे हल्का बुखार है।
  무제 힐'까 부카르 해

  가도 될까요?
  मैं घर जाऊँ?
  매- 거르 자웅-?

D : 예, 가십시오.
  हाँ, आप जाइए।
  항, 압 자이에.

  오늘 쉬십시오.
  आज आराम कीजिए
  아즈 아람 끼-지에.

  (हल्का = थोड़ा-सा, कुछ-कुछ)

14.4.3. आदमी 아드미-(사람)

E : 어떤 사람이 당신을 만나고 싶어합니다.
  एक आदमी आपसे मिलना चाहता है।
  에끄 아드미- 압쎄 밀르'나 짜흐따 해.

  그를 안으로 보낼까요?
  उसे अंदर भेज दूँ?
  우쎄 언더르 베즈 둥-?

F : 지금 바로는 아니고요. 그를 잠시 붙들어 줘요.
अभी नहीं उसे थोड़ी देर रुकने दो।
어비- 너힝-. 우쎄 톨리.- 데르 루끄네 도.

제가 중요한 일을 하고 있습니다.
मैं ज़रूरी काम कर रहा हूँ।
매- 저루-리- 깜 꺼르 러하 훙-.

먼저 일을 할 겁니다. 후에 그를 보내세요.
पहले काम कर लूँ। बाद में उसे भेजना।
뻬흘레' 깜 꺼르 룽'-. 바드 메 우쎄 베즈나.

(잠시 후에)
(थोड़ी देर बाद)
(톨리.- 데르 바드)

F : 실라, 밖에 어떤 사람이 앉아있지 않은가요?
शीला, बाहर एक आदमी बैठा है न?
실-라', 바허르 에끄 아드미- 배타. 해 너?

E : 예, 그를 당신께 보내드릴까요?
जी हाँ, उसे आपके पास भेज दूँ?
지- 항, 우쎄 압께 빠쓰 베즈 둥- ?

F : 네, 안으로 들여보내세요
हाँ, उसे अंदर आने दो।
항, 우쎄 언더르 아네 도.

○ 숫자연습 (분수)

1/2	आधा	아다	1과 1/2	डेढ़	데.르.
1/3	एक तिहाई	에끄 띠하이-	2과 1/2	ढाई	다.이-
3/4	पौन	뽀운	1과 1/4	सवा	써와
-1/4	पौने	뽀우네	+1/2	साढ़े	싸레.

| 171

14.5 단계

함께 연습하기

14.5.1. 번역하기

① चार आदमी आते होंगे।
② मुझे बहुत काम है। मैं शायद पार्टी में न आऊँ।
③ अब अशोक बाहर जाए?
④ अगर चाहो, तो मैं यह घड़ी भेजूँ।
⑤ मैं चाहती हूँ कि हम उसके साथ जाएं।

---

① 4사람이 올 것이다.
② 나는 일이 많다. 아마 파티에 안 올지 모른다.
③ 지금 아쇼끄가 밖에 나가도 될까요?
④ 좋아하시면, 이 시계를 보내드릴 수 있다.
⑤ 나는 우리가 함께 가기를 원한다.

14.5.2. 작문하기

① 내가 그를 부를까요?
② 아마 오는 그가 올지 모른다.
③ 아마 그가 진실을 말하지 않을지 모른다.
④ 내가 무엇을 해야 할까요?
⑤ 그에게 안에 들어오라고 말해요.

---

① क्या मैं उसको बुलाऊँ?
② शायद वह आज आए।
③ शायद वह सच न बोले।
④ मैं क्या करूँ?
⑤ उससे कहो कि (वह) अन्दर आए।

▲ 꺼일라샤 신전은 엘로라 석굴 중에서 가장 규모가 큰 16번째 석굴이다. 엘로라 석굴에 불교, 자이나교와 힌두교 사원들이 34개나 되는 석굴이 있는데, 16번째 석굴은 쉬바신이 모셔져 있고, 바위산을 위에서부터 깎고, 조각하면서 파고들어간 거대한 신전이다. 이것은 인도인들의 신앙을 한데 어우러져 있는 신심의 표상이고, 대대로 이어서 만든 사원이다.

दीवाली
디-왈리-[41]

15.0

दीवाली खुशियों का त्यौहार है।
디-왈리'- 쿠시용 까 뜨요하르 해.

इस त्यौहार में सब के साथ खुशियाँ बाँटी जाती है।
이쓰 뜨요하르 메 썹 께 싸트 쿠시양 방띠- 자띠- 해.

और लोग एक दूसरे को शुभकामनाएँ देते हैं।
오우르 로'그 에끄 두-쓰레 꼬 슈브까므나엥 데떼 행.

इस अवसर पर ग़रीबों को कपड़े, पैसे, दान दिये जाते हैं।
이쓰 어브써르 뻐르 거리-봉 꼬 꺼쁘레., 뺴쎄, 단 디예 자떼 행.

लेकिन इस त्यौहार में कुछ बुराइयाँ भी हैं।
레'낀 이쓰 뜨요하르 메 꾸츠 부라이양 b비- 행.

पटाखों से घरों में आग लग जाती है।
빠따.콩 쎄 h거롱 메 아그 러'그 자띠- 해.

कई जगह दीवाली के दिन जुआ खेला जाता है।
꺼이- 저거흐 디-왈리'- 께 딘 주아 켈라' 자따 해.

लेकिन इन बुराइयों को दूर किया जा सकता है।
레'낀 인 부라이용 꼬 두-르 끼야 자 써끄따 해.

디왈리는 기쁨의 축제이다.
이 축제에 모두 함께 기쁨들을 나눈다.
그리고 사람들은 서로서로 축복한다.
이 축제의 마당에 가난한 이들에게 옷들, 금전, 기부가 주어진다.
그렇지만 이 축제에 몇 가지 나쁜 점들이 있다.
화약놀이로 집에 불이 난다.
여러 곳에 디왈리 날에 놀음놀이가 행해진다.
그러나 이들 나쁜 점들이 소멸 될 수 있다.

41. 디왈리(dīvalī) 축제는 힌두교 최대의 명절이고, 힌두달력으로 아쉬비나(Āśvina 9.23–10.22) 월(月)의 후반 15일의 제13일째에 시작해서 까르띠까(Kārttika 10.23–11.21)월 (태양력의 10월말)의 전반 15일의 제2일째까지 5일 동안 열린다. 디왈리라는 명칭은 싼스끄리뜨 디빠왈리(dīpāvali; 빛줄기)에서 유래한 것이다. 특히 상인 계층이 이 축제를 열광적으로 경축하는데, 이들은 부(富)의 여신 락쉬미를 숭배한다. 벵갈에서는 깔리 여신을 숭배한다.

15.1 단계

단어와 숙어 익히기

- **आग**
  아그
  f. 불

- **कई**
  꺼이-
  a. 몇 몇의, 몇 개의

- **कपड़ा**
  꺼쁘라.
  m. 천, 양복감

- **कुछ**
  꾸츠
  pro. 어떤 것, a. 조금, 좀

- **खुशी**
  쿠시-
  f. 행복, 기쁨, 쾌락

- **खेलना**
  켈르나
  v. 놀다, 놀이를 하다

- **ग़रीब**
  거리-브
  a. 가난한, m. 가난한 사람

- **जगह**
  저거흐
  f. 장소

- **जुआ**
  주아
  m. 도박, 내기

- **त्यौहार**
  뜨요하르
  m. 축제, 명절

- **दान**
  단
  m. 기부, 증여

- **दीवाली**
  디-왈리-
  f. 락슈미 여신을 기리는 빛의 축제

- **दूर**
  두-르
  a. 먼, f. 먼데

- **दूसरा**
  두-쓰라
  a. 제2의, m. 두 번째

- **देना**
  데나
  v. 주다

- **पटाखा**
  뻐따.카
  m. 크래커, 폭죽

- **पैसा**
  빼싸
- **बाँटना**
  방뜨.나
- **बुराई**
  부라이-
- **लगना**
  러'그나
- **शुभकामनाएँ**
  슈브까므나엥

m. 구리 동전

v. 나누다

f. 악, 해악

v. 붙여지다, 대어지다

f. 소원, 소망

15.2 단계

문법 따라잡기

15.2.1. 수동태

문장의 주어가 어떤 동작이나 작용을 스스로 하였을 때의 동사(動詞)의 형태의 구문을 능동태라 한다. 이와 반대로 주어가 어떤 동작의 대상이 되어 그 작용을 받는 관계를 보이는 동사의 형태를 수동태라 한다.

주어가 수동적 행위의 대상이 된다. 영어와 마찬가지로 능동태의 주어에 से (쎄) 나 के द्वारा (께 드와라) 가 부가되고, 능동태의 동사는 과거완료형에 जाना (자나) 동사가 부가 된다. 능동태의 목적어가 수동태의 주어가 된다.

| 주어 + 동사 + 목적어 → 주어 से 과거분사 + जाना |

① 하인은 나무를 자르고 있다.
   नौकर लकड़ी (नहीं) काट रहा है।
   노우꺼르 럴'끌리.- (너힝-) 까뜨. 러하 해.

➡ 하인에 의하여 나무가 잘려지지 않는다.
   नौकर से लकड़ी नहीं काटी जा रही है।
   노우꺼르 쎄 럴'끌리.- 너힝- 까띠.- 자- 러히- 해.

② 모한은 여기서 잠을 자고 있다.
   मोहन यहाँ (नहीं) सोता है।
   모헌 여항 (너힝-) 쏘따 해.

➡ 모한에 의하여 잠재워지지 않는다.
　　मोहन से यहाँ नहीं सोया जाता है।
　　　모헌　쎄　여항　너힝-　쏘야　자따　해.

③ 나는 유리를 깨뜨리지 않았다.
　　मैंने शीशा नहीं तोड़ा।
　　　맹네　시-샤　너힝-　똘라.

➡ 나에 의하여 유리가 깨어지지 않았다.
　　मुझ से शीशा नहीं तोड़ा[42] गया।
　　　무즈　쎄　시샤　너힝-　똘라.　거야.

15.2.2. 자동사적 의미의 동사가 사용될 때에, 때때로 'से 쎄'(=에 의해서)를 이용하는 경우가 있다.

④ 나는 잘못을 저질렀다.
　　मैंने गलती की। = मुझसे गलती हुई।
　　　매-네　걸'띠-　끼-.　　무즈쎄　걸'띠-　후이-.

⑤ 나에 의해서 이렇게 무거운 짐을 들 수 없겠다.
　　मुझसे इतना भारी बक्सा नहीं उठेगा।
　　　무즈쎄　이뜨나　바리-　벅싸　너힝-　우테.가.

⑥ 우리에 의한 이러한 모든 일이 없을 것이다.
　　हमसे इतना सारा काम नहीं होगा।
　　　험쎄　이뜨나　싸라　깜　너힝-　호가-.

⑦ 너에 의한 이러한 노력은 없다.
　　तुमसे इतनी मेहनत[43] नहीं होगी।
　　　뚬쎄　이뜨니-　메흐너뜨　너힝-　호기-.

⑧ 나에 의한 이와 같은 공부가 있을 수 없다.
　　मुझसे इस तरह पढ़ाई नहीं हो सकती।
　　　무즈쎄　이쓰　떠러흐　뻐라이-　너힝-　호　썩띠-

알아두기　　42. v. 깨뜨리다, 부수다　　43. f. 열심히 일하는 것, 부지런한 일

인도 문화와의 만남

• **인도의 축제에 관하여**

　인도는 축제의 나라 할 만큼 축제가 많다. 수많은 종교와 함께 연관된 축제들이 많은데, 그 중에서 힌두교가 8할이 되기 때문에 종교적 행사도 그 만큼 많다. 이러한 축제는 공휴일과 연관되어 있어서 노는 날도 많다. 대표적 축제로는 공화국의 날, 홀리, 락샤반단, 더셰흐라와 디왈리 가 있다. 그 밖에도 많다.

　공화국의 날은 1월 26일에 헌법을 공포한 날이라 하여 국가적 행사를 크게 행한다.

　홀리(होली)는 2월과 3월 사이에 봄의 축제로 남녀노소의 상류층과 하류층이 함께 색깔을 서로 칠하며 축하하는 축제로서 이 날부터 찬물로 샤워를 한다.

　락샤반단(रक्षा बंधन)은 7월과 8월 사이에 인드라왕과 악마가 싸울 때 왕비가 비단천을 손목에 매어준 덕분에 왕국을 탈환하게 되었다는 것을 기념하여 여동생은 자신을 보호해 준다고 약속하는 오빠들에게 손목에 락샤(일종의 천으로 만든 줄)를 매어주는 행사를 한다.

　더셰흐라(दशहरा)는 9월과 10월 사이에 라마야나의 주인공 라마가 마왕의 상징인 라바나를 물리치고 승리한 날을 기념하여 행하는 축제로서 인도북부지역에서 라마야나의 드라마가 공연된다.

　디왈리(दीवाली)는 10월과 11월 사이에 빛의 축제라 하여 부의 여신인 락쉬미를 숭배한다. 인도최대의 축제로 설날과 추석의 의미가 함축된 새해를 맞이하는 축제로 인도인들 중에 상인들은 특히 새롭게 시작한다는 의미를 중요하게 여긴다.

15.3 단계

표현 따라하기

15.3.1. खेल-कूद दिवस 켈'꾸ー드 디워쓰(체육대회날)

① 대학에서 매년 체육대회날이 열리게된다.
　　कॉलेज में हर साल खेल कूद दिवस मनाया जाता है।
　　깔레'즈　메　허르　쌀'　켈'　꾸드　디워쓰　머나야　자따　해.

알아두기　44. f. 스포츠, 운동경기

② 소년 소녀들은 달리기에 참여하고, 게임에 참가한다.
लड़के-लड़कियाँ दौड़45 **में भाग लेते हैं तथा अन्य खेलों में भी भाग लेते हैं।**
럴'르. 께 러'르.끼양 도울르. 메 바그 레'떼 행 떠타 어녀 켈롱' 메 비– 바그 레'떼 행.

③ 이긴 사람들에게 상품이 주어진다.
जीतने वालों को पुरस्कार दिये जाते हैं।
지-뜨네 왈롱' 꼬 뿌러쓰까르 디예 자떼 행.

④ 매년 모든 종류의 시합들이 조직된다.
हर साल हर प्रकार46 **की प्रतियोगिताओं**47 **का आयोजन किया जाता है।**
허르 쌀' 허르 쁘러까르 끼- 쁘러띠요기따옹 까 아요전 끼야 자따 해.

⑤ 상품도 주어진다.
और पुरस्कार48 **दिये जाते हैं।**
오우르 뿌러쓰까르 디예 자떼 행.

15.3.2. 수동태

① 반지를 손가락에 낀다.
अँगूठी उँगली में पहनी जाती है।
엉구-티- 웅글리'- 메 뻬흐니- 자띠- 해.

② 목걸이를 목에 건다.
हार गले49 **में पहना जाता है।**
하르 걸레' 메 뻬흐나 자따 해.

③ 양말을 발에 신는다.
मोज़े50 **पैरों में पहने जाते हैं।**
모제 빠롱 메 뻬흐네 자데 행.

④ 귀고리들을 귀에 낀다.
बालियाँ51 **कानों में पहनी जाती हैं।**
발리'양 끼농 메 뻬흐니- 지띠- 행.

⑤ 아쌈의 정글에서 코뿔소를 만나게 된다.
असम के जंगलों में गैंडे52 **पाये जाते हैं।**
어썸 께 정글롱' 메 갠데. 빠예 자떼 행.

> **알아두기**
> 45. f. 달리기, 경기　46. m. 종류　47. f. 경쟁, 시합　48. m. 상품
> 49. m. 목걸이　50. m. 양말　51. f. 귀고리 v. 이기다　52. m. 코뿔소

⑥ 물에 자신의 모습을 볼 수 있다.
पानी में अपनी शकल⁵³ देखी जा सकती है।
빠니- 메 어쁘니- 셔껄 데키- 자 썩띠- 해.

⑦ 사자는 숲의 왕이다.
सिंह जंगल का राजा कहा जाता है।
씬흐 정걸 까 라자 꺼하 자따 해.

⑧ 나는 이렇게 뜨거운 차를 마시지 않을 것이다.
मुझसे इतनी गरम चाय नहीं पी जाएगी।
무즈쎄 이뜨니- 거럼 짜이 너힝- 삐- 자에기-.

⑨ 그는 이렇게 작은 알파벳을 읽지 못 한다.
उससे इतने छोटे अक्षर⁵⁴ पढ़े नहीं जाएंगे।
우쓰쎄 이뜨네 초떼. 억셔르 뻐레. 너힝- 자엥가.

⑩ 너는 전쟁영화를 보지 못 한다.
तुमसे लड़ाई⁵⁵ की फ़िल्में देखी नहीं जातीं।
뚬쎄 럴'라.이- 끼- 필르'메 데키- 너힝- 자띵-.

15.3.3. 'से 쎄'의 자동사적 용법

① 우리에 의하여 이렇게 빨리 요리되지 않을 것이다.
हमसे इतनी जल्दी खाना नहीं बनेगा।
험쎄 이뜨니- 절'디- 카나 너힝- 버네가.

② 나는 요즈음 산보하지 않는다.
मुझसे आजकल चलना-फिरना⁵⁶ नहीं होता।
무즈쎄 아즈껄' 쩔르'나 피르나 너힝- 호따.

③ 그는 모르는 사이에 실수를 했다.
उससे अनजाने में एक भूल⁵⁷ हो गयी।
우쓰쎄 언자네 메 에끄 불'- 호 거이-.

④ 너에 의하여 모르는 사이에 일이 잘못되었다.
तुमसे अनजाने में⁵⁸ गलत⁵⁹ काम हो गया।
뚬쎄 언자네 메 걸러'뜨 깜 호 거야.

> **알아두기**
> 53. f. 비슷함, 모습　　54. m. 알파벳　　55. f. 전쟁, 싸움
> 56. v. 돌아다니다　　57. f. 실수　　58. adv. 고의가 아닌, 무심코
> 59. a. 그릇된, 잘못된

⑤ 나에 의한 잘못으로 유리가 깨어졌다.
मुझसे गलती से एक शीशा[60] टूट[61] गया।
무즈쎄 걸'띠- 쎄 에끄 시-샤 뚜.-뜨. 거야.

⑥ 우리에 의한 잘못으로 100 루삐 지폐가 찢어졌다.
हमसे गलती से सौ रुपये का नोट फट[62] गया।
험쎄 걸'띠- 쎄 쏘우 루뻐예 까 노뜨. 파뜨. 거야.

⑦ 나에 의하여 모르는 사이에 100 루삐 지폐가 없어졌다.
मुझसे अनजाने में सौ रुपये का नोट खो गया।
무즈쎄 언자네 메 쏘우 루뻐예 까 노뜨. 코 거야.

⑧ 너에 의하여 모르는 사이에 우유를 엎질렀다.
तुमसे अनजाने में दूध गिर गया।
뚬쎄 언자네 메 두-드 기르 거야.

⑨ 그의 의한 잘못으로 책이 찢어졌다.
उससे गलती से किताब फट गयी।
우쓰쎄 걸'띠- 쎄 끼땁 퍼뜨. 거이-.

⑩ 나는 아침 일찍 일어나지 않는다.
मुझसे सवेरे जल्दी उठा नहीं जाता।
무즈쎄 써베레 절디- 우타. 너힝- 자따.

15.4 단계

힌디로 말하기

15.4.1. गला 걸라 (목)

A : 당신 내일 회의에서 10분 말하겠습니까?
आप कल सभा में दस मिनट बोलेंगी ?
압 껄' 써바 메 더쓰 미너뜨. 볼렝'기-?

B : 죄송합니다. 저는 도저히 말하지 못하겠습니다.
माफ कीजिए। मुझसे तो बिल्कुल नहीं बोला जाएगा।
마프 끼-지에. 무즈쎄 또 빌'꿀' 너힝- 볼라' 자에가.

| 알아두기 | **60.** m. 유리 | **61.** v. 부서지다 | **62.** v. 찢어지다 |

A : 왜, 무슨 일입니까?
　　क्यों, क्या बात है ?
　　꾜온,　꺄　바뜨 해 ?

B : 저의 목이 아픕니다, 저는 크게 말하지 못합니다.
　　मेरा गला खराब है, मुझसे ज़ोर से बोला नहीं जाता।
　　메라　걸라'　카랍　해,　무즈쎄　조르 쎄　볼라'　너힝-　자따.

15.4.2. चाय 짜이 (차)

C : 오, 형제여, 빨리 차를 마셔요. 우리는 가야합니다.
　　अरे, भाई, जल्दी चाय पियो। हमें चलना है।
　　어레,　바이-,　절'디-　짜이　삐요.　허멩　쩔르'나 해.

D : 차는 뜨겁습니다. 저는 뜨거운 차를 마시지 못합니다.
　　चाय गरम है। मुझसे गरम चाय नहीं पी जाती।
　　짜이　거럼　해.　무즈쎄　거럼　짜이　너힝-　삐-　자띠-.

C : 차게하여 마시세요. 우린 빨리 가야 합니다.
　　ठंडी करके पियो। हमें जल्दी जाना चाहिए।
　　턴.디-　꺼르께　삐오.　허멩　절'디-　자나　짜히에.

내가 빨리 가지 못한다고 너는 알고 있지 않으십니까?
　　तुम जानते हो कि मुझसे तेज़ नहीं चला जाता।
　　뚬　잔떼　호　끼　무즈쎄　떼즈　너힝-　쩔라'　자따.

15.4.3. गलती 걸'띠- (실수)

E : 아버님, 제가 실수를 저질렀씁니다.
　　पिता जी, मुझसे एक गलती हो गयी।
　　삐따　지-,　무즈쎄　에끄　걸'띠-　호　거이-.

F : 너는 무엇을 했느냐?
　　तुमने क्या किया ?
　　뚬네　꺄　끼야 ?

E : 내가 당신 안경을 깨뜨렸습니다.
　　मुझसे आपका चश्मा टूट गया।
　　무즈쎄　압까　쩌시마　뚜.-뜨. 거야.

F : 어떻게 깨뜨렸어?
कैसे टूटा ?
깨쎄 뚜.-따.?

E : 내가 책상을 청소하고 있었습니다.
मैं मेज़ साफ कर रही थी।
매- 메즈 싸프 꺼르 러히- 티-.

안경을 손으로 들었습니다.
चश्मा 63 हाथ में उठाया।
쩌시마 하트 메 우타.야.

나의 손에서 갑자기 나 떨어져서 깨어졌습니다.
अचानक 64 मेरे हाथ से गिर पड़ा और टूट गया।
어짜너끄 메레 하트 쎄 기르 뻘라. 오우르 뚜.-뜨.거야.

F : 너는 항상 실수를 했어.
तुम हमेशा गलती करती हो।
뚬 허메샤 걸'띠- 꺼르띠- 호.

좀 조심해서 일해라.
जरा ध्यान से काम करो।
저라 댠 쎄 깜 꺼로.

E : 나는 주의히여 일히겠습니다.
मैं ध्यान से काम करूँगी।
매- 댠 쎄 깜 꺼룽-기-.

앞으로 어떤 실수가 없을 것입니다.
आगे से मुझसे कोई गलती नहीं होगी।
아게 쎄 무즈쎄 꼬이- 걸'띠- 너힝- 호기-.

🔸 숫자연습 (배수)

2배	दूगुना	두-구나	3배	तीगुना	띠구나
4배	चौगुना	쪼우구나	5배	पचगुना	빠쯔구나
6배	छगुना	처구나	7배	सतगुना	써뜨구나
8배	अठगुना	어트.루나	9배	नौगुना	노우구나
10배	दसगुना	더쓰구나	11배	ग्यारहगुना	갸러흐구나

알아두기　　**63.** m. 안경　　**64.** a. 돌연한, 갑작스런

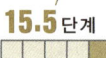

함께 연습하기

15.5.1. 수동태나 능동태로 변형하기

① मैं आम खाऊँगा। (수동태로)
② तुमने कई नाटक लिखे। (수동태로)
③ मैं नहीं सोता। (수동태로)
④ स्त्रियाँ भोजन बनाती हैं। (수동태로)
⑤ मोहन के द्वारा वह पुस्तक पढ़ी गयी। (능동태로)

---

① मुझसे आम खाये जाएँगे।
② तुमसे कई नाटक लिखे गये।
③ मुझसे नहीं सोया जाता।
④ स्त्रियों से भोजन बनाया जाता है।
⑤ मोहन ने वह पुस्तक पढ़ी।

15.5.2. 번역하기

① यह पुल कब तोड़ा गया?
② उसको कितने रुपये दिये गये?
③ वह चिट्ठी कल भेजी जाएगी।
④ चोर जल्दी पकड़ा जाएगा।
⑤ मोहन को पुस्तकें दी गयीं।

---

① 이 다리는 언제 파괴되었느냐?
② 그는 몇 루삐를 받았느냐?
③ 그 편지가 내일 보내질 것이다.
④ 도둑은 즉각 체포될 것이다.
⑤ 모한에게 책들이 주어졌다. (모한은 책들을 받았다.)

आँखों से देखते हैं।
앙콩 쎄 데크떼 행. (눈으로 보다)

◀ 화랑

16.0 🎧

हम आँखों से देखते हैं। कानों से सुनते हैं।
험　앙콩 쎄　데크떼 행.　까농 쎄　쑨떼 행.

पैरों से चलते हैं। हाथों से काम करते हैं।
빼롱 쎄　쩔떼 행.　하통 쎄　깜　꺼르떼 행.

दाँतों से खाना चबाते हैं। नाक से साँस लेते हैं।
당똥 세　카나　쩌바떼 행.　나끄 쎄　싼쓰 레'떼 행.

हम पैरों में जूते पहनते हैं।
험　빼롱 메　주-떼　뻬헌떼 행.

औरतें कलाइयों में चूड़ियाँ पहनती हैं।
오우러뗑　껄라'이용 메　쭐-리.양　뻬헌띠- 행.

लड़कियाँ कानों में झुमके पहनती हैं।
럴'르.끼양　까농 메　줌께　뻬헌띠- 행.

कुछ लड़कियाँ पैरों में पायल पहनती हैं।
꾸츠 럴'르.끼양　빼롱 메　빠열.　뻬헌띠- 행.

우리는 눈으로 본다. 귀로 듣는다.
발로 걷는다. 손으로 일을 한다.
이로 음식을 씹는다. 코로 호흡을 한다.
우리는 발에 구두를 신는다.
여성들은 팔목에 팔찌들을 낀다.
소녀들은 귀에 종모양의 귀고리를 낀다.
어떤 소녀들은 발에 방을 달린 발목장식을 낀다.

16.1 단계

단어와 숙어 익히기

- **आँख** 앙크   f. 눈
- **औरत** 오우러뜨   f. 여성
- **कलाई** 껄라'이-   f. 팔목
- **कान** 깐   m. 귀
- **चबाना** 쩌바나   v. 씹다
- **चूड़ी** 쭐-리-   f. 팔찌
- **जूता** 주-따   m. 구두
- **झुमका** 줌까   m. 종모양의 펜던트
- **दाँत** 당뜨   m. 치아
- **नाक** 나끄   f. 코
- **पहनना** 뻬헌느나   v. 입다
- **पायल** 빠열'   a. 발을 단단히 딛고 선, m. 방울 달린 발목장식
- **पैर** 빼르   m. 발
- **साँस** 싼쓰   f. 호흡
- **हाथ** 하트   m. 손

16.2 단계

문법 따라잡기

16.2.1. 후치사

영어문법에 나오는 전치사와 같이 힌디의 후치사는 명사나 대명사의 뒤에 온다는 의미로 명명된 것이다. 후치사들은 'ने 네, को 꼬, का 까, के 께, की 끼-, से 쎄, में 메, पर 뻐르' 등이 있다.

'ने 네 (~은, 는, 이, 가)'는 주격이다.
'को 꼬 (~에게, ~을,를)'는 목적어이다.
'का 까, के 께, की 끼- (~의)'는 소유격이다.
'से 쎄 (~에서, ~으로부터, ~으로)'는 탈격과 기구격이다.
'में 메 (~안에), पर 뻐르 (~위에)'는 처격이다.

① 이것은 누이의 집이다.
　　यह बहन का मकान है।
　　예흐　베헌　까　머깐　해.

② 이것은 동생의 책이다.
　　यह भाई की पुस्तक है।
　　예흐　바이-　끼-　뿌스떠끄　해.

③ 그 사람은 아버지의 형제이다.
　　वह पिता का भाई है।
　　웨흐　삐따　까　바이-　해.

④ 꼴껏따는 인도의 큰 도시이다.
　　कोलकत्ता भारत का बड़ा शहर है।
　　꼴껏따　바러뜨　까　벌라　셔허르　해.

⑤ 방에 책상이 있다.
　　कमरे में मेज है।
　　꺼므레　메　메즈　해.

⑥ 그것은 보는데 좋다.
　　वह देखने में अच्छा है।
　　웨흐　데크네　메　엇차　해.

⑦ 책상 위에 많은 물건들이 있다.
मेज़ पर कई चीज़ें हैं।
메즈 빠르 꺼이- 찌-젱 행.

⑧ 비가 오니 오지 마세요.
बारिश होने पर मत आना।
바리쉬 호네 빠르 머뜨 아나.

⑨ 응유는 우유로 만든다.
दही दूध से बनता है।
더히- 두-드ʰ 쎄 번따 해.

⑩ 그는 주머니칼로 과일을 깍는다.
वह चाकू से फल काटता है।
웨호 짜꾸- 쎄 펄' 까뜨.따 해.

⑪ 나는 어제부터 아프다.
मैं कल से बीमार हूँ।
맹 껄' 쎄 비-마르 훙-.

⑫ 우리는 주의깊게 듣는다.
हम ध्यान से सुनते हैं।
험 댜안ʰ 쎄 쑨떼 행.

16.3 단계

표현 따라하기

16.3.1. मेज़ 메즈

① 이곳에 책삭이 몇 개 있습니까?
यहाँ कितनी मेज़ें हैं?
여항 끼뜨니- 메젱 행?

② 이곳에 3 개의 책상이 있다.
यहाँ तीन मेज़ें हैं।
여항 띤- 메젱 행.

③ 두 책상 위에 물건이 있다.
दो मेज़ों पर समान है।
도 메종 뻐르 싸만 해.

④ 세번 째 책상위에 아무 것도 없다.
तीसरी मेज़ पर कुछ नहीं है।
띠–쓰리– 메즈 빠르 꾸츠 너힝 해.

⑤ 두 유리잔에 물이 있다.
दो गिलासों में पानी है।
도 길라'쏭 메 빠니– 해.

⑥ 컵 하나는 비어있다.
एक गिलास खाली है।
에끄 길라'쓰 칼리'– 해.

⑦ 의자에 누가 앉아 있습니까?
कुर्सियों पर कौन बैठे हैं?
꾸르씨용 빠르 꼬운 배테. 행?

⑧ 의자에 두 소년들이 앉아있다.
कुर्सियों पर दो लड़के बैठे हैं।
꾸르씨용 빠르 도 럴'르.께 배테. 행.

⑨ 그들 두 아이들의 이름은 무엇입니까?
उन दोनों लड़कों का नाम क्या है?
운 도농 럴'르.꽁 까 남 꺄 해?

⑩ 이들 두 아이들의 이름은 마단과 아쇽이다.
ये दोनों लड़के मदन और अशोक हैं।
예 도농 럴'르.께 머던 오우르 어쇼끄 행.

16.3.2. दिल्ली सकूल 딜'리'– 쓰꿀'– (델리 학교)

① 델히학교는 띨라끄 로(路)에 있다.
दिल्ली स्कूल तिलक रोड पर है।
딜'리'– 쓰꿀'– 띨러'끄 로드. 빠르 해.

② 남녀 학생들은 9시 반에 자기들 수업에 갑니다.
छात्र-छात्राएँ साढ़े नौ बजे अपनी कक्षाओं में जाते हैं।
차뜨러 차뜨라엥 싸레. 노우 버제 어쁘니– 껵샤옹 메 자떼 행.

③ 수업들은 3시 반까지 진행된다.
कक्षाएँ साढ़े तीन बजे तक चलती हैं।
껵샤엥 싸레. 띤– 버제 떠끄 쩔'띠– 행.

④ 후에 아이들은 게임에 참여한다.
बाद में बच्चे खेलों में भाग लेते हैं।
바드 메 벗쩨 켈롱' 메 바^{h}그 레'떼 행.

⑤ 아이들은 매일 축구, 배드민턴, 배구 등의 게임에 참여한다.
बच्चे रोज फुटबाल, बैडमिंटन, वालीबाल आदि खेलों में भाग लेते हैं।
벗쩨 로즈 프뜨.발, 배드.민떤., 발리'-발' 아디 켈롱' 메 바그 레'떼 행.

16.4 단계

힌디로 말하기 🎧

16.4.1. हिंदी शब्द 힌디- 섭드 (힌디 어휘)

A : 오늘 우리가 힌디의 몇 가지 어휘를 공부할 것입니다.
आज हम हिंदी के कुछ शब्द सीखेंगे।
아즈 험 힌디- 께 꾸츠 섭드 씨-켕게.

'끼땁', '뿌쓰딱' 두 어휘들의 의미가 동일하다.
'किताब', 'पुस्तक' दोनों शब्दों का अर्थ एक ही है।
'끼땁', '뿌쓰딱' 도농 섭동 까 어르트 에끄 히- 해.

우리는 '끼땁'을 '뿌쓰딱'으로 말합니다.
हम 'किताब' को 'पुस्तक' भी कहते हैं।
험 '끼땁' 꼬 '뿌쓰딱' 비- 께흐떼 행.

B : 선생님, 쌀, 버르쉬 두 어휘들의 의미가 같지 않습니까?
मास्टर जी, साल, वर्ष दोनों शब्दों के अर्थ एक ही है न?
마쓰떠.르 지-, 쌀', 버르쉬 도농 섭동 까 어르트 에끄 히- 해 너?

A : 맞다. 그의 나이가 6살이다.
हाँ। 'उसकी उम्र छह साल है।
항. '우쓰끼- 우므러 체흐 쌀 해'.

이것을 다른 어휘로 '우쓰끼- 아유 체흐 버르쉬 해'라고 말 하겠습니다.
इसी को दूसरे शब्दों में हम कहेंगे 'उसकी आयु छह वर्ष है'।
이씨- 꼬 두-쓰레 섭동 메 험 꺼헹게 '우쓰끼- 아유 체흐 버르쉬 해'.

B : 게다가 우므러, 아유 둘 다 동일한 의미이지요?
तो उम्र, आयु दोनों एक ही है न?
또 우므러, 아유 도농 에끄 히- 해 너?

A : 맞아요. 우므러를 아유로 인식하구요. 아유를 우므러로 인식합니다.
   हाँ, उम्र माने आयु। आयु माने उम्र।
   항. 우므러 마네 아유. 아유 마네 우므러.

   그래요, 라메쉬, 너는 '버리야'의 뜻을 말해 보세요.
   अच्छा, रमेश, तुम 'बढ़िया' का मतलब बताओ।
   엇차, 러메쉬, 뚬 '버리.야' 까 머뜨럽' 버따오.

B : '버리야'는 아주 좋다는 뜻으로 인식합니다.
   'बढ़िया' माने बहुत अच्छा।
   '버리.야' 마네 버후뜨 엇차.

16.4.2. पहनता है। 뻬헌따 해. (신는다)

C : 우리는 무엇으로 물건들을 잡습니까?
   हम किससे चीज़ें पकड़ते हैं ?
   험 끼쓰쎄 찌-젱 뻐껄르.떼 행 ?

D : 우리는 손가락으로 물건들을 잡습니다.
   हम उँगलियों से चीज़ें पकड़ते हैं।
   험 웅글리'용 쎄 찌-젱 뻐껄르.떼 행.

C : 사람들은 손가락에 무엇을 낍니까?
   लोग उँगलियों में क्या पहनते हैं ?
   로그 웅글리'용 메 꺄 뻬헌떼 행 ?

D : 그들은 손가락에 반지를 낍니다.
   वे उँगलियों में अँगूठी पहनते हैं।
   웨 웅글리'용 메 엉구-티.- 뻬헌떼 행.

C : 사람은 시계를 어디에 찹니까?
   आदमी घड़ी कहाँ पहनता है ?
   아드미- 걸리.- 꺼항 뻬헌따 해 ?

D : 사람은 손목에 시계를 찹니다.
   आदमी कलाई में घड़ी पहनता है।
   아드미- 껄라.이- 메 걸리.- 뻬헌따 해.

   그러므로 우리는 그것을 손목시계라고 말합니다.
   इसलिए हम उसे कलाई घड़ी कहते हैं।
   이쓸리'에 험 우쎄 껄라'이- 걸리.- 께흐떼 행.

C : 사람들은 발에 무엇을 신습니까?
लोग पैरों में क्या पहनते हैं ?
로'그 빠롱 메 꺄 뻬헌떼 행 ?

D : 어떤 사람들은 슬리퍼를 신고, 그리고 어떤 사람들은 구두를 신습니다.
कुछ लोग पैरों में चप्पल पहनते हैं और कुछ लोग जूते पहनते हैं।
꾸츠 로'그 빼롱 메 쩟빨' 뻬헌떼 행 오우르 꾸츠 로'그 주-떼 뻬헌떼 행.

사람들은 발에 양말을 신고, 후에 구두를 신습니다.
लोग पैरों में पहले मोज़े पहनते हैं तथा बाद में जूते पहनते हैं।
로'그 빼롱 메 뻬흘레' 모제 뻬헌떼 행 떠타 바드 메 주-떼 뻬헌떼 행.

◐ 숫자연습 (집합)

둘 모두	दोनों	도농	셋 모두	तीनों	띠-농
넷 모두	चारों	짜롱	다수(스믈) 모두	बीसियों	비-씨용
수백 모두	सैकड़ों	쌔끌롱.	수천 모두	हज़ारों	허자롱
수백만 모두	करोड़ों	꺼롤롱.			

16.5 단계

함께 연습하기

16.5.1. 괄호에 후치사 넣기

① मैं चम्मच (   ) चावल खाता हूँ। (से, में)
② मैं मदन (   ) साथ जाती हूँ। (का, के)
③ यह आप (   ) घर है। (का, के)
④ छत (   ) पानी गिरता है। (से, में)
⑤ ये उस (   ) किताबें हैं। (की, के)
⑥ गिलास (   ) पानी है। (में, को)

----

①से ②के ③का ④से ⑤की ⑥में

16.5.2. 작문하기

① 이것은 그의 집이다.
② 어제 내형은 인도에서 왔다.
③ 책상위에 책이 있다.
④ 나는 람에게 편지를 준다.
⑤ 나는 미국에서 인도에 간다.
⑥ 나는 달과 함께 밥을 먹는다.

---

① यह उसका मकान है।
② कल मेरा भाई भारत से आया।
③ किताब मेज पर है।
④ मैं राम को पत्र देता हूँ।
⑤ मैं अमेरिका से भारत जाता हूँ।
⑥ मैं दाल के साथ चावल खाती हूँ।

अपना स्वास्थ्य
어쁘나 쓰와쓰텨 (자신의 건강)

▲ 델리대학교 지하철역 근처에 있는 과일가게

17.0

अपने स्वास्थ्य का ध्यान रखो।
어쁘네 쓰와쓰텨 까 댜̱안 러코.

तन्दुरुस्ती से बढ़कर दुनिया में कोई चीज़ नहीं।
떤두루쓰띠- 쎄 버ṛ̱.꺼르 두니야 메 꼬이- 찌-즈 너힝-.

स्वास्थ्य के लिए बचपन से पौष्टिक भोजन और व्यायाम करने की
쓰와쓰텨 께 리'에 버쯔뻔 쎄 뽀우스띠.끄 보젼 오우르 브야얌 꺼르네 끼-

आवश्यकता है।
아버시야끄따 해.

जो व्यक्ति बचपन में स्वस्थ रहता है, वह बलवान तथा दीर्घजीवी होता है।
조 뱌끄띠 버쯔뻔 메 쓰워쓰트 레흐따 해, 웨흐 벌'반 떠타 디-르그지-비- 호따 해.

जिसकी सेहत अच्छी है, उसका दिमाग़ भी ठीक रहता है।
지쓰끼- 쎄허뜨 엇치- 해, 우쓰까 디마그 비̱- 티.끄 레흐따 해.

자신의 건강에 유의하라.
세상에는 건강 보다 더 낳은 어떤 것은 없다.
건강을 위하여 어려서부터 영양식과 운동을 반드시 할 필요성이 있다.
어린 시절에 건강한 사람은 튼튼하고 오래 산다.
신체가 건강한 사람은 정신도 건강하다.

17.1 단계

단어와 숙어 익히기

- **तन्दुरुस्ती**　　　　　　f. 건강
  떤두루쓰띠−

- **दीर्घजीवी**　　　　　　a., m. 장수의, 장수하는 사람
  디−르그지−비−

- **ध्यान**　　　　　　m. 주의, 조심
  댜안

- **पौष्टिक**　　　　　　a. 영양의, 영양이 많은
  뽀우시떠.끄

- **बचपन**　　　　　　m. 어린 시절
  버쯔뻔

- **बढ़ना**　　　　　　v. 증가하다. 앞서다
  버르.나

- **बीमार**　　　　　　a. 병든, 아픈
  비−마르

- **व्यक्ति**　　　　　　m. 인간
  브엑띠

- **व्यायाम**　　　　　　m. 운동, 신체훈련
  브야얌

- **सेहत**　　　　　　f. 건강
  쎄허뜨

- **स्वास्थ**　　　　　　a. 건강한
  쓰와쓰트

- **स्वास्थ्य**　　　　　　m. 건강
  쓰와쓰텨

17.2 단계

문법 따라잡기

17.2.1. 'से 쎄' 용법

'से 쎄'는 기본적으로 탈격의 후치사로서 '-으로 부터, -에서'의 의미이다. 그것은 수단이나 이유를 의미하는 후치사의 역할을 고, 비교할 경우에도 사용된다. 'से 쎄' 동사와 함께 관용어적 동사어구나 부사구로도 사용되고 있다.

| 탈격 |

① 그가 델리에서 왔다.
 वह दिल्ली से आया।
 웨흐 딜'리-쎄 아야.

| 수단 |

② 그는 버스로 갔다.   그는 곤봉으로 때렸다.
 वह बस से गया।   उसने लाठी से चोर को मारा।
 웨흐 버쓰 쎄 거야.   우쓰네 라'티-쎄 쪼르 꼬 마라.

| 이유 |

③ 그는 추위로 병에 걸렸다.
 वह ठंढ से बीमार हो गया।
 웨흐 턴.드.쎄 비-마르 호 거야.

| 비교 |

④ 그는 나보다 크다.
 वह मुझ से बड़ा है।
 웨흐 무ː즈 쎄 벌라. 해.

| 부사구 | 명사 + से 쎄

⑤ आसानी से 아싸니-쎄   쉽게
 जल्दी से 절디-쎄   빨리
 खुशी से 쿠시-쎄   행복하게
 मुश्किल से 무시낄'쎄   어렵게

| 동사구 | 명사 + से 쎄 동사

⑥ मिलना   밀르'나   -를 만나다,

कहना 께흐나 / बोलना 볼르나	– 에게 말하다
पूछना 뿌-츠나	– 에게 묻다
डरना 더.르나	– 를 두려워하다
लड़ना 러'ㄹ.나	– 와 싸우다
शिकायत करना 시까여뜨 꺼르나	– 에게 불평하다
प्रेम 쁘렘 / प्यार करना 빠르 꺼르나	– 을 사랑하다

17.2.2. 'जो 조'

'जो 조'는 관계대명사의 일종으로서 영어의 'that'와 같은 용법이다. 이것은 인칭과 사물에도 함께 사용한다. 'जो 조'는 일반적으로 대명사 'जो 웨흐'나 'सो 쏘'를 지칭하는 관계대명사이다. 이것은 대명사처럼 후치사를 동반하여 여러 어형으로 활용된다.

	단 수		복 수	
직격	जो	조	जो	조
사격형	जिस	지쓰	जिन	진
사격 + को	जिस को जिसे	지쓰꼬 지쎄	जिन्हों को जिन्हें	진홍꼬 진헹
사격 + ने	जिस ने	지쓰네	जिन्हों ने	진홍네

(1) 단수의 경우

① 어제 왔던 그가 바로 나의 아들이다. |주격|
   जो कल आया था, वही मेरा लड़का है।
   조 껄' 아야 타, 워히- 메라 러'르.까 해.

② 당신에 어제 보았던 그가 열이 있다. |목적격|
   जिसे आपने कल देखा था, उसे बुखार हो गया है।
   지쎄 아쁘네 껄' 데카 타, 우쎄 부카르 호 거야 해.

③ 당신이 어제 만났던 그에게 나는 말할 것이다. |동사구|
   जिससे आप कल मिले थे, उससे मैं बात करूँगा / करूँगी।
   지쓰쎄 아쁘 껄' 밀레' 테, 우쓰쎄 매- 바뜨 꺼룽가 / 꺼룽기-.

④ 당신이 말하고 있는 그의 집이 바로 앞에 있다. |소유격|
   जिसकी आप बात कर रहे हैं, उसका मकान सामने ही है।
   지쓰끼- 아쁘 바뜨 꺼르 러헤 행, 우쓰까 머깐 쌈네 히- 해.

⑤ 당신에게 내 집을 보여주었던, 그가 석사학위의 시험을 치렀다. |주격|
जिसने आपको मेरा घर दिखाया था, उसने एम.ए. की परीक्षा दी है।
지쓰네 아쁘꼬 메라 거르 디카야 타, 우쓰네 엠, 에이. 끼- 뻐리-끄샤 디- 해.

(2) 복수의 경우

⑥ 오는 오셨던 선생님이 바로 레흐만 교수님이다.
जो साहब आज आये हैं, वे ही प्रो॰ रहमान है।
조 싸허브 아즈 아예 행, 웨 히- 쁘로페써르 레흐만 해.

⑦ 어제 당신이 만났었던 그 분은 다리가 불편하다.
जिन्हें कल आपने देखा था, उन्हें पैर की तकलीफ़ है।
진헹 껄' 아쁘네 데카 타, 운헹 빼르 끼- 떠끌리'-프 해.

⑧ 당신이 만났었던 그 분은 새 차를 샀다.
जिनसे आप मिले थे, उन्होंने नई गाड़ी खरीदी है।
진쎄 아쁘 밀레' 테, 운홍네 너이- 갈리.- 커리-디- 해.

⑨ 나의 주소를 말해 주었던 그 분을 나는 만나고 싶다.
जिन्होंने मेरा पता बताया, उनसे मैं मिलना चाहूँगा।
진홍네 메라 뻐따 버따야, 운쎄 매- 밀르'나 짜훙 가.

17.3 단계

표현 따라하기

17.3.1.

① 공장에서 일을 하고 있는 분들을 노동자라고 한다.
जो लोग कारख़ानों में काम करते हैं, उन्हें मज़दूर65 कहते हैं।
조 로'그 까르카농 메 깜 꺼르떼 행, 운헹 머즈두-르 께흐떼 행.

② 우리가 밭에서 경작할 수 없는 그들은 헐벗은 밭들이라 한다.
जिन खेतों में हम खेती नहीं कर सकते, वे ऊसर66 कहलाते हैं।
진 케똥 메 험 케띠- 너힝 꺼르 써끄떼, 웨 우-써르 께흐라떼 행.

③ 결혼하지 않은 그 소녀는 미혼여성이라 한다.
जिस लड़की की शादी न हुई हो, वह कुँआरी67 कहलाती है।
지쓰 럴'르.끼- 끼- 샤디- 너 후이-호, 웨흐 꿍아리- 께흘라'띠- 해.

알아두기 65. m. 노동자   66. a. 불모의   67. a. 미혼의 f. 미혼 여성

④ 발이 없는 그 사람은 절름발이라 한다.
जिस आदमी का पैर न हो, उसे लँगड़ा[68] कहते हैं ।
지쓰 아드미- 까 빼르 너 호, 우쎄 렁'글라' 께흐떼 행.

⑤ 손이 없는 그 사람은 불구자라 한다.
जिस आदमी का हाथ न हो, वह लूल्हा[69] कहलाता है ।
지쓰 아드미- 까 하트 너 호, 웨흐 룰'-하 께흘라'따 해.

⑥ 볼 수 없는 사람들은 장님이라 한다.
जो लोग देख नहीं सकते, वे अंधे[70] कहलाते हैं ।
조 로'그 데크 너힝- 써끄떼, 웨 언데 께흘라'떼 행.

⑦ 들을 수 없는 사람은 귀머거리(농아)라 한다.
जो सुन नहीं सकता, बहरा[71] कहलाता है ।
조 쑨 너힝- 써끄따, 베흐라 께흘라'따 해.

⑧ 하나의 눈만 있는 사람을 에꾸라고 한다.
काना[72] उसे कहते हैं, जिसकी एक ही आँख होती है ।
까나 우쎄 께흐떼 행, 지쓰끼- 에끄 히- 앙크 호띠- 해.

⑨ 매우 뚱뚱한 사람들을 농담으로 코끼리라고 한다.
जो लोग बहुत मोटे हों, उन्हें लोग मज़ाक में हाथी कहते हैं ।
조 로'그 버후뜨 모떼. 홍, 운헹 로'그 머자끄 메 하티- 께흐떼 행.

⑩ 이와 같이 키가 큰 사람들을 낙타라고 부른다.
इसी तरह जो बहुत लंबे हों, उन्हें ऊँट कहते हैं ।
이씨- 떠러흐 조 버후뜨 럼'베 홍, 운헹 웅뜨. 께흐떼 행.

17.4 단계

힌디로 말하기 🎧

17.4.1. पिकनिक 삐끄닉 (소풍)

A : 소풍에 가고 싶은 사람들은 본인의 이름을 대세요. (말하세요)
वे लड़के जो पिकनिक में जाना चाहते हैं, अपना नाम दे दें ।
웨 럴'르.께 조 삐끄닉 메 자나 짜흐떼 행, 어쁘나 남 데 뎅.

알아두기
68. a. 절름발이의   69. a. 신체 장애의, 불구의   70. a. 눈이 먼, 장님의
71. a. 귀먹은 m. 청각장애자   72. a. 외눈의 m. 에꾸

199

B : 예, 지난 번에도 소풍을 갔던 사람들도 이 소풍에 갈 수 있습니까?
जी, वे लोग भी इस पिकनिक में जा सकते हैं,
지-, 웨 로'그 비- 이쓰 삐끄닉 메 자 써끄떼 행,
जो पिछली बार भी पिकनिक में गये थे?
조 삐츨리'- 바르 비- 삐끄닉 메 거예 테?

A : 예, 모두 갈 수 있습니다.
हाँ, सभी जा सकते हैं।
항, 써비- 자 써끄떼 행.

여러분 이름과 함께 200 루삐도 내십시오.
आप लोग नाम के साथ दो सौ रुपये भी जमा कर दें।
압 로'그 남 께 싸트 도 쏘우 루뻐예 비- 저마 꺼르 뎅.

오늘 대금을 내지 않은 사람들은 데려가지 않을 겁니다.
जो लोग आज पैसे नहीं देंगे, उन्हें हम नहीं ले जाएँगे।
조 로'그 아즈 빼쎄 너힝 뎅게, 운헹 험 너힝- 레' 자엥게.

17.4.2. खिलाड़ी 킬라'리.- (선수)

C : 방금 네가 대화를 나누고 있는 그 소년은 누구입니까?
वह लड़का कौन है, जिससे अभी तुमने बात की?
웨흐 럴'르.까 꼬운 해, 지쓰쎄 어비- 뚬네 바뜨 끼-?

D : 그는 우리 하키팀의 한 선수입니다.
वह हमारी हाकी टीम का एक खिलाड़ी है।
웨흐 허마리- 하끼- 띰.- 까 에끄 킬랄'리.- 해.

C : 다음주 시합에 출전할 그들 소년들 중의 한 명입니까?
क्या यह उन्हीं लड़कों में से एक है,
꺄 예흐 운힝- 럴'르.꽁 메 쎄 에끄 해,
जो अगले हफ़्ते मैच खेलने जा रहे हैं?
조 어글레' 허프떼 매쯔 켈'네 자 러해 행?

D : 아닙니다. 출전할 사람들의 명단에 그의 이름이 없습니다.
नहीं, जो लोग जा रहे हैं, उनकी सूची में इसका नाम नहीं है।
너힝-, 조 로'그 자 러헤행, 운끼- 쑤-찌- 메 이쓰까 남 너힝- 해.

아마도 아파서 출전하지 못합니다.
शायद बीमार है। इसलिए नहीं जा रहा है।
샤여드 비-마르 해. 이쓸리'에 너힝- 자 러하 해.

17.5단계

함께 연습하기

17.5.1. 괄호속에 관계대명사 채우기

① (　　　) लड़के ने आपको बुलाया, उसका नाम क्या है?
② (　　　) लोगों ने यह काम किया, वे लोग कौन हैं?
③ वह लड़की कौन है, (　　　) से तुमने बातचीत की?
④ (　　　) लोग कारखाने में काम करते हैं, उन्हें मज़दूर कहते हैं।
⑤ (　　　) ने आपसे बात की थी, वे यहाँ के प्रिंसिपल हैं

---

① जिस ② जिन ③ जिस ④ जो ⑤ जिन्हों

17.5.2. 번역하기

① जो कहता हूँ, वह सच है।
② जो किताब मैं पढ़ रहा हूँ, वह मेज पर है।
③ जो लाल गाड़ी वहाँ खड़ी है, वह मेरी है।
④ मैं जिस आदमी की ओर देख रहा हूँ, वह अभी बाहर गया है।
⑤ मैं जिस कमरे में काम करूँगा, वह बहुत आरामदेह60 है।

---

① 내가 말하는 것은 진실이다.
② 내가 읽고 있는 책은 책상위에 있다.
③ 저기에 서 있는 빨간색 차는 내 차다.
④ 내가 응시하고 있는 그 사람은 지금은 밖에 나갔다.
⑤ 내가 일할 그 방은 매우 편리하다.

알아두기　60. a. 편한, 기분좋은

lekcia 18

घड़ी
걸리.-(시계)

▶ 13세기 Qutbuddin 장군이 세운 승리탑 꾸뜨브미나르

18.0 🎧

जब मैं समय मालूम करना चाहता हूँ, तब मैं अपनी घड़ी देखता हूँ।
접 매- 써머여 말룸'- 꺼르나 짜흐따 훙-, 또 매- 어쁘니- 걸리.- 데크따 훙-.

मेरे पास⁷³ सोने की रिस्ट-वाच है।
메레 빠쓰 쏘네 끼- 리쓰뜨. 와쯔 해.

उसका पट्टा चमड़े का है।
우쓰까 빳따. 쩌믈레' 까 해.

यह घड़ी प्रायः ठीक समय बताती है।
예흐 걸리.- 쁘라여흐 티.-끄 써머여 버따띠.- 해.

परन्तु कभी-कभी यह बिगड़ जाती है,
뻐런뚜 꺼비- 꺼비- 예흐 비걸르. 자띠.- 해,

तो मैं उसे घड़ीसाज के पास ले जाता हूँ।
또 매- 우쎄 걸리.-싸즈 께 빠쓰 레' 자따 훙-.

वह उसकी मरम्मत और सफाई करता है।
웨흐 우쓰끼- 머럼머뜨 오우르 써파이- 꺼르따 해.

내가 시간을 알고 싶을 때, 나는 내 손목시계를 본다.
내 시계는 금시계이다.
시계줄은 가죽의 것이다.
이 시계는 거의 정확한 시간을 가리킨다.
그러나 가끔가다가 고장이 나면,
그것을 시계 수리인에게 가지고 간다.
그는 수리하여 청소를 한다.

알아두기

73. "के पास 께 빠쓰"는 소유와 근거리 개념이다. हमारे पास समय नहीं है (허마레 빠쓰 써머여 너힝- 해) 우리는 시간이 없다. उनके पास पैसा नहीं है। 그들은 돈을 가지고 있지 않다. मेरा घर स्कूल के पास है। 나의 집은 학교 근처에 있다.

18.1 단계

단어와 숙어 익히기

- **कभी-कभी-**
  꺼비- 꺼비
  adv. 때때로, 가끔가다가

- **घड़ी-**
  걸리.
  f. 시계

- **घड़ीसाज़**
  걸리.-싸즈
  f. 시계제조인

- **चमड़ा**
  쩌므라.
  m. 가죽

- **पट्टा**
  뻣따.
  m. 이음고리, (개의) 목걸이, 벨트

- **प्राय:**
  쁘라여흐
  adv. 자주, 보통

- **बताना**
  버따나
  v. 말하다

- **बिगड़ना**
  비걸르.나
  v. 떨어지다, 저하하다, 고장나다

- **मरम्मत**
  머럼머뜨
  f. 수리, 수선

- **रिस्ट-वाच**
  리쓰뜨. 와쯔
  f. 손목시계

- **सफाई**
  써파이
  f. 청결, 깨끗함

18.2 단계

문법 따라잡기

관계부사 '**जब** 접…, **तब** 떱….'은 시간과 때를 나타낸다. 이것은 '… 일 때, 그 때에 … 이다.'라는 의미이다. 간혹 상관 부사인 '**तब** 떱'이 생략된다.
'**तब** 떱'은 간혹 '**तो** 또'로 대체되기도 한다.

① 비가 올 때, 사람들은 뛰어간다.
जब बारिश होती है, तब लोग भागते हैं।
 접 바리쉬 호띠- 해, 떱 로'그 바그떼 행.

② 아버님이 회사에서 오실 때, 어머니는 아버님에게 차를 주신다.
जब पिताजी दफ्तर से आते हैं, तो/तब माँ उन्हें चाय देती हैं।
 접 삐따지- 더프떠르 쎄 아떼 행, 또/떱 망 운헹 짜이 데띠- 행.

③ 비가 내리기 시작되는 그 시기에, 공작새가 춤추기 시작한다.
जिस समय बारिश शुरू होती है, मोर नाचने लगते हैं।
 지쓰 써머여 바리쉬 슈루- 호띠- 해, 모르 나쯔네 러'그떼 행.

④ 제가 말하기 시작한 그 시기에, 모든 사람들이 소리지르기 시작했다.
मैंने जिस समय बोलना शुरू किया, सब लोग चिल्लाने लगे।
 매-네 지쓰 써머여 볼르'나 슈루- 끼야, 썹 로그 찔'라'네 러'게.

여기서 'जब तक 접 떠끄 … न 너, तब तक 떱 떠끄 …'의 문장은 '… 할 때까지, … 한다.'는 의미이다. 'जब तक 접 떠끄'는 부정어 'न 너'와 함께 미래동사와 완료동사가 올 수 있다.

⑤ 그가 올 때까지 여기에 머물겠다.
जब तक वह नहीं आएगा, तब तक मैं यहीं रहूँगा।
 접 떠끄 웨흐 너힝- 아에가, 떱 떠끄 매- 여힝 러훙-가.

⑥ 그가 올 때까지, 여기에 머물렀다.
जब तक वह नहीं आया, तब तक मैं वहीं रहा।
 접 떠끄 웨흐 너힝- 아야, 떱 떡 매- 버힝- 러하.

여기서 'जब 접…, तब 떱 ; जिस समय 지쓰 써머여 / वक्त 웍뜨, उस समय 우쓰 써머여 / वक्त 웍뜨 ; जिस दिन 지쓰 딘…, उस दिन 우쓰 딘 ; जिस साल 지쓰 쌀…, उस साल 우쓰 쌀'의 관계시간부사의 예들은 동일한 방식으로 사용된다.

18.3 단계

표현 따라하기

18.3.1. जब ..., तब 접 ..., 떱

① 그 분이 오시면, 그 때 말하겠다.
जब वे आएँगे, तब बात करेंगे।
  접 웨 아엥게, 떱 바뜨 꺼렝게.

② 영화가 종영했을 때, 모든 사람들은 밖으로 나가기 시작했다.
जब सिनेमा खत्म हुआ, सब लोग बाहर चलने लगे।
  접 씨네마 커뜸 후아, 썹 로'그 바허르 쩔'네 러'게.

③ 내가 그에게 이 소식을 전했을 때, 그는 울었다.
जब मैंने उसे यह खबर सुनाई, तो उसने रो दिया।
  접 매-네 우쎄 예흐 커버르 쑤나이-, 또 우쓰네 로 디야.

④ 아들이 컵은 떨어뜨렸을 때, 어머니께서 화를 냈다.
जब लड़के ने प्याला गिरा दिया, तो माँ गुस्से में आ गई।
  접 럴'르.께 네 빨라' 기라 디야, 또 망 굿쎄 메 아 거이-.

18.3.2. तभी (तब + भी) 떠비– (떱 + 비–)

① 소년이 목말라서 울기 시작할 때, 바로 그 때 나는 그에게 물을 준다.
जब लड़का प्यास से रोने लगता है, तभी मैं उसको पानी देती हूँ।
  접 럴'르.까 뺘쓰 쎄 로네 러'그따 해, 떠비– 매 우쓰꼬 빠니– 데띠– 훙–.

② 우리가 배고픔을 느낄 때, 우리들은 바로 그 때 식사를 한다.
हम लोग तभी खाना खाते हैं, जब हमें भूख लगती है।
  험 로'그 떠비– 카나 카떼 행, 접 허멩 부–크 러'그띠– 해.

③ 저녁 5시가 될 때, 바로 그 때 우리들은 집에 간다.
जब शाम के पाँच बज जाते हैं, तभी हम घर जाते हैं।
  접 샴 께 빵츠 버즈 자떼 해, 떠비– 험 거르 자떼 행.

④ 어린애가 배고플 때, 바로 그 때 운다.
जब बच्चे को भूख लगती है, तभी वह रोता है।
  접 벗쩨 꼬 부–크 러'그띠– 해, 떠비– 웨흐 로따 해.

18.3.3. जब से, जब भी 접 쎄, 접 비‑ʰ

① 내가 서울에 돌아온 이후부터, 그 때부터 내 건강이 좋지 않았다.
जब से मैं सऊल लौटा हूँ, तब से मेरी तबियत खराब रही है।
접 쎄 매‑ 쎄울‑ 로'우따. 훙‑, 떱 쎄 메리‑ 떠비여뜨 커랍 러히‑ 해.

② 내가 밖에 나갈 때마다, 바로 그 때 비가 온다.
जब भी मैं बाहर जाता हूँ, तभी बारिश होती है।
접 비‑ʰ 매‑ 바허르 자따 훙‑, 떠비‑ʰ 바리쉬 호띠‑ 해.

18.3.4. जब तक 접 떠끄

① 내게 돈이 있는 한에 있어서 인도여행을 하겠다.
जब तक मेरे पास पैसा रहेगा, तब तक मैं भारत की यात्रा करूँगा।
접 떠끄 메레 빠쓰 빼싸 러헤가, 떱 떠끄 매‑ 바‑ʰ러뜨 끼‑ 야뜨라 꺼룽‑가.

② 네가 돈을 줄 때까지 나는 바로 여기에 머물겠다.
जब तक तुम पैसा न दोगे, तब तक मैं यहीं बैठा रहूँगा।
접 떠끄 뚬 빼싸 너 도게, 떱 떠끄 매‑ 여힝‑ 배타. 러훙‑가.

③ 내가 부를 때까지, 오지를 마라.
तब तक न आओ, जब तक मैं तुम्हें न बुलाऊँ।
떱 떠끄 너 아오, 접 떠끄 매‑ 뚬헹 너 불라'웅‑.

18.3.5. ज्योंही, जैसे ही 즈용히‑, 재쎄 히‑

① 그가 종을 치자마자 버스가 출발했다.
ज्योंही उसने घंटी बजाई, त्योंही बस चल दी।
즈용히‑ 우쓰네 건띠.‑ʰ 버자이‑, 뜨용히‑ 버쓰 쩔' 디‑.

② 방에 들어가자마자 전기가 나갔다.
जैसे ही वह कमरे में आया, वैसे ही बिजली बंद हो गयी।
재쎄 히‑ 웨흐 꺼므레 메 아야, 왜쎄 히‑ 비즐리'‑ 번드 호 거이‑.

18.4 단계

힌디로 말하기

18.4.1. जिस वक़्त 지쓰 웍뜨

A : 너는 어제 내 집에 왜 오지 않았니?
　　तुम कल मेरे घर क्यों नहीं आयीं ?
　　뚬　껄　메레　거르　꾱　너힝　아잉- ?

B : 왔었어.
　　आयी तो थी।
　　아이-　또　티-.

　　내가 왔었을 때, 넌 집에 없었다.
　　जिस वक़्त में आयी थी, (उस वक़्त) तुम घर पर नहीं थी।
　　지쓰　웍끄뜨　메　아이-　티-, (우쓰 웍끄뜨) 뚬　거르　뻐르　너힝-　티-.

A : 어느 시간에 왔었어?
　　किस समय आयी थी ?
　　끼쓰　써머여　아이-　티- ?

B : 라디오에 '강' 프로그램이 시작되고 있었을 때, 그 때가 9시 일거야.
　　जब रेडियो पर 'तरंगिणी'[74] कार्यक्रम शुरू हो रहा था, तब नौ बजे होंगे।
　　접　레디.요　뻐르 '떠렁기니.-' 까려끄럼 슈루- 호 러하 타, 떱 노우 버제 홍게.

18.4.2. जिस साल 지쓰 쌀

C : 꼴깔따에 몇 년도에 가셨었습니까?
　　आप कोलकत्ता किस साल गये थे ?
　　압　꼴껏따　끼쓰　쌀' 거예 테 ?

D : 년도가 기억나지 않는군요.
　　साल तो याद नहीं।
　　쌀'　또　아드　너힝-.

　　그곳에 지하철이 시작되었을 무렵에, 그 때 그곳에 갔었습니다.
　　जिस साल वहाँ मेट्रो रेल शुरू हुई थी, तभी वहाँ गया था।
　　지쓰　쌀'　버항　메뜨.로 렐' 슈루- 후이- 티-, 떠비- 버항 거야 타.

알아두기　　74. f. 강

18.4.3. जिस दिन 지쓰 딘

E : 당신은 어느 날 내 집에 오셨었습니까?
आप किस दिन मेरे घर आये थे ?
압 끼쓰 딘 메레 거르 아예 테 ?

F : 날자가 또 기억나지 않아요.
तारीख़ तो याद नहीं।
따리-크 또 야드 너힝-.

비가 억수로 비가 내렸을 때, 그 시간에 내가 당신한테 갔었습니다.
जिस दिन तेज़ बारिश हुई थी, उसी दिन मैं आप के यहाँ आया था।
지쓰 딘 떼즈 바리쉬 후이- 티-, 우씨- 딘 매- 압 께 여항 아야 타.

18.5 단계

함께 연습하기

18.5.1. 번역하기

① जब वेतन मिलेगा, तब मैं एक कमीज लूँगा।
② जब भी वे लोग यहाँ आते हैं, हम उनका स्वागत करते हैं।
③ जब से यह लड़ाई शुरू हुई है, तब से जीवन में शांति नहीं है।
④ जब तक मैं कपड़े पहनूँ, आप आराम कर लीजिए।
⑤ जिस समय बारिश शुरू होती है, मोर नाचने लगते हैं।

---

① 봉급을 받을 때, 그 때 나는 셔츠를 사겠다.
② 그 사람들이 올 때마다, 우리는 그들을 환영한다.
③ 이런 싸움이 시작될 때부터 인생에 있어서 평화가 없다.
④ 내가 의복을 입을 때까지 당신 편안하게 계세요.
⑤ 비가 오기 시작하는 그 때 공작새들이 춤을 추기 시작한다.

18.5.2. 작문하기

① 그들이 오면, 저에게 소식을 주세요. (**खबर**)
② 아이는 배가 고플 때, 그 때 운다. (**भूख, रोना**)
③ 당신이 오실때까지 나는 먹지 않겠다. (**जब तक न, तब तक न**)
④ 목이 마를 때, 사람들은 물을 마신다. (**प्यास, पानी पीना**)
⑤ 내가 어떤 것을 말할때마다, 그 때 그는 웃는다. (**जब भी, कुछ, हँस देना**)

---

① जब वे आएँ, तब मुझे खबर दो।
② जब बच्चे को भूख लगती है, तभी वह रोता है।
③ जब तक आप नहीं आएँगे, तब तक मैं खाना खाऊँगा।
④ जब प्यास लगती है, लोग पानी पीते हैं।
⑤ जब भी मैं कुछ कहता हूँ, तभी वह हंस देता है।

lekcia 19 मिलना
밀르'나 (만남)

▲ 뉴델리역 근처 빠하르간즈 지역에 있는 한국식당 쉼터의 입구

19.0

ईद के दिन एक लड़की को एक सुन्दर लड़का मिला।
이-드 께 딘 에끄 럴'르.끼- 꼬 에끄 쑨더르 럴'르.까 밀라'.

दोनों एक दूसरे से मिलकर बड़े प्रसन्न हुए।
도농 에끄 두-쓰레 쎄 밀'꺼르 벌레. 쁘러썬느 후에.

उस दिन उन्होंने बड़े उत्सव में भाग लिया।
우쓰 딘 운흥네 벌레. 우뜨써브 메 바그 리'야.

वे दोनों हर शाम मिलकर साथ ही साथ नाचते गाते और खुशी मनाते।
웨 도농 허르 샴 밀'꺼르 싸트 히- 싸트 나쯔떼 가떼 오우르 쿠시- 머나떼.

धीरे धीरे उत्सव का आखिर दिन आ गया।
디-레 디-레 우뜨써브 까 아키르 딘 아 거야.

उसके बाद उन दोनों को मिलने का मौका नहीं मिला।
우쓰께 바드 운 도농 꼬 밀'르네 까 모우까 너힝- 밀라'.

어느 날 한 소녀는 한 미 소년을 만났다.
둘 다 서로 만나 아주 좋아했다.
그 날 그들은 대축제에 참여했다.
그들 둘 모두 매일 저녁 만나 함께 춤추고 노래하고 기쁨을 만끽하곤 했다.
매우 천천히 축제의 마지막 날이 도래했다.
그런 후에 그들 둘 모두 만날 기회가 없었다.

19.1 단계

단어와 숙어 익히기

- ईद
  이-드
  nt. 무슬림 축제

- उत्सव
  우뜨서브
  nm. 축제, 잔치

- भाग
  바그
  nm. 일부분

- हर शाम
  허드 샴
  adv. 매일 저녁

- खुशी मनाना
  쿠시- 머나나
  v. 즐겁게 지내다

- खुशी
  쿠시-
  nt. 기쁨

- मौका
  모우까
  nm. 기회

- मनाना
  머나나
  v. 거행하다

- में भाग लेना
  메 바그 레'나
  v. ~에 참석하다

- नाच
  나쯔
  n. 춤, 댄스

- नाचना
  나쯔나
  v. 춤추다

- प्रसन्न
  브러썬느
  a. 기쁘다

- सुन्दर
  쑨더르
  a. 아름다운

19.2 단계

문법 따라잡기

19.2.1. मिलना 밀르'나 용법

(1) मिलना 동사는 '구하다, 얻다, 받다 와 찾다' 등의 의미가 있다.

주어가 여격화되고, 동사는 목적어의 성과 수에 일치한다.

| 주어 + '꼬' '밀르나' |

① 나는 1 루삐를 받았다.
　　मुझको एक रुपया मिला।
　　무z̈꼬　에끄　루뻐야　밀라'.

나는 2 루삐를 받았다.
मुझको दो रुपये मिले।
무z̈꼬　도　루뻐예　밀레'.

② 나는 택시를 잡지 못했다.
　　मझको टैक्सी नहीं मिली।
　　무z̈꼬　땍씨-　너힝-　밀리'-.

③ 나는 당신의 편지를 받았다.
　　मुझे आप की चिट्ठी मिली।
　　무제　압　끼-　찟티.-　미리'-.

나는 당신의 편지들을 받았다.
मुझे आप की चिट्ठियाँ मिलीं।
무제　압　끼-　찟티.양　미링'-.

④ 당신은 시계를 구했습니까?
　　क्या आप को घड़ी मिली ?
　　꺄　압　꼬　걸리.-　밀리'-?

⑤ 언제 봉급을 받을 것입니까?
　　कब वेतन मिलेगा ?
　　껍　웨떤　밀레'가?

⑥ 그가 얼마의 돈을 받았습니까?
　　उसे कितने रुपये मिले ?
　　우쎄　끼뜨네　루뻐예　밀레'?

(2) 만나다 से मिलना 쎄 밀르'나

　　को मिलना 우연히 마주치다
　　꼬　밀르'나

우연한 만남을 제외하고는 거의 'से मिलना 쎄 밀르'나'가 쓰인다.

① 나는 오늘 그를 만났다.
   आज मैं उससे मिला।
   아즈 매- 우쓰쎄 밀라'.

② 나는 오늘 우연히 그를 만났다.
   आज मैं उसको मिला।
   아즈 매- 우쓰꼬 밀라'.

③ 나는 어제 친구들을 어제 만났다.
   कल मैं मित्रों से मिला।
   껄 매- 미뜨롱 쎄 밀라'.

④ 나는 어제 우연히 친구들을 만났다.
   कल मैं मित्रों को मिला।
   껄 매- 미뜨롱 꼬 밀라'.

19.3 단계

표현 따라하기

19.3.1. 구하다, 얻다

| 주 + को मिलना 꼬 밀르나 |

① 여기에 싼 우유가 있다.
   यहाँ सस्ता दूध मिलता है।
   여항 싸쓰따 두-드 밀'따 해.

   यहाँ दूध सस्ता मिलता है।
   여항 두-드 싸쓰따 밀'따 해.

② 여기에 싼 옷들이 있다.
   यहाँ सस्ते कपड़े मिलते हैं।
   여항 싸쓰떼 꺼쁠레. 밀'떼 행.

   यहाँ कपड़े सस्ते मिलते हैं।
   여항 꺼쁘레. 싸쓰떼 밀'떼 행.

③ 저기에 좋은 절레비가 있을 것이다.
   वहाँ अच्छी जलेबी[74] मिलेगी।
   버항 엇치- 절레'비- 밀레'기-.

   वहाँ जलेबी अच्छी मिलेगी।
   버항 절레'비- 엇치- 밀레'기-.

④ 저기에 비싼 채소들이 있을 것이다.
वहाँ महँगी सब्जियाँ मिलेंगी।
버항 메헹기- 썹지얗 밀렝'기-.

वहाँ सब्जियाँ महँगी मिलेंगी।
버항 썹지얗 메헹기- 밀렝'기-.

19.3.2. से मिलना 쎄 밀르나 (만나다)

① 나는 어제 시내에서 씨따를 만났다.
कल शहर में मुझको सीता मिली। |우연|
껄' 셰허르 메 무즈꼬 씨-따 밀리'-.

कल शहर में मैं सीता से मिली। |의도적|
껄' 셰허르 메 매- 씨-따 쎄 밀리'-.

② 나는 너를 내일 새벽에 만나겠다.
मैं तुमसे कल सुबह मिलूँगा।
매 뚬쎄 껄' 쑤베흐 밀룽'-가.

③ 그는 날 만나기를 원하지 않는다.
वह मुझसे मिलना नहीं चाहती।
웨흐 무즈쎄 밀르'나 너힝- 짜흐띠-.

④ 당신을 만나서 나는 매우 기쁘다.
आपसे मिलकर मुझे बहुत खुशी हुई।
압쎄 밀'꺼르 무제 버후뜨 쿠쉬- 후이-.

19.3.3. 읽기

① 여기서 매우 뜨거운 우유를 구입한다.
यहाँ गरम-गरम दूध मिलता है।
여항 거럼 거럼 두-드 밀'따 해.

② 이 가게에 매우 싼 가구를 구입한다.
इस दुकान में बहुत सस्ता फर्नीचर मिलता है।
이쓰 두깐 메 버후뜨 싸쓰따 퍼르니-쩌르 밀'따 해.

> **알아두기**
> 74. m. 시럽에 반죽한 밀가루를 식용유에 튀겨서 만든 음식.

③ 이 시장에 신선한 과일들을 구입한다.
 इस बाज़ार में ताजे फल मिलते हैं।
 이쓰 버자르 메 따제 펄 밀'떼 행.

④ 이 가게에 각가지 장난감을 구입한다.
 इस दुकान में तरह-तरह के खिलौने मिलते हैं।
 이쓰 두깐 메 떠러흐 떠러흐 께 킬로우네 밀'떼 행.

⑤ 여기서 아주 좋은 옷감을 구입한다.
 यहाँ अच्छे-अच्छे कपड़े मिलते हैं।
 여항 엇체 엇체 꺼쁠레. 밀'떼 행.

⑥ 저기서 좋은 절레비를 구입한다.
 वहाँ बढ़िया जलेबी मिलती है।
 버항 버리.야 절레'비- 밀'띠- 해.

⑦ 그 시장에 매우 좋은 단과자를 구입한다.
 उस बाज़ार में बहुत अच्छी मिठाई मिलती है।
 우쓰 버자르 메 버후뜨 엇치- 미타.이- 밀'띠- 해.

⑧ 그 가게에 아주 새로운 사리들을 구입한다.
 उस दुकान में नई-नई साड़ियाँ मिलती हैं।
 우쓰 두깐 메 너이-너이- 쌀리.양 밀'띠- 행.

⑨ 거기서 여러 가지 시계들을 구입한다.
 वहाँ कई तरह की घड़ियाँ मिलती हैं।
 버항 꺼이- 떠러흐 끼- 걸리.양 밀'띠- 행.

⑩ 그 시장에 많은 단과자들을 구입한다.
 उस बाज़ार में बहुत-सी मिठाइयाँ मिलती हैं।
 우쓰 버자르 메- 버후뜨 씨- 미타.이양 밀'띠- 행.

19.4 단계

힌디로 말하기

19.4.1. फल 펄 (과일)

C : 들었어요, 여기서 과일을 싸게 구입한다는 것을.
 सुना है, यहाँ फल बहुत सस्ते मिलते हैं?
 쑤나 해, 여항 펄' 버후뜨 써쓰떼 밀'떼 행?

D : 예, 구입하지요. 포도, 석류, 망고 등.
हाँ, मिलते हैं। अंगूर, अनार, आम आदि।
항, 밀'떼 행. 엉구-르, 어나르, 암 아디.

C : 포도는 어떻게 구입합니까?
अंगूर कैसे मिलते हैं ?
엉구-르 깨쎄 밀'떼 행 ?

D : 1 킬로에 10 루삐입니다. 아주 맛있는 포도가 있습니다.
दस रुपये किलो। बहुत मीठे अंगूर मिलते हैं।
더쓰 루뻬예 낄로'. 버후뜨 미-테' 엉구-르 밀'떼 행.

C : 석류는 가격이 얼마입니까?
अनार क्या भाव75 है ?
어나르 꺄 바브ʰ 해 ?

D : 1 킬로에 20 루삐입니다.
बीस रुपये किलो।
비-쓰 루뻬예 낄로'.

C : 여기서 석류는 킬로로 구입합니까?
यहाँ अनार किलो से मिलते हैं ?
여항 어나르 낄로' 쎄 밀'떼 행 ?

우리가 있는 곳에서 개수로 구입하지 않습니다.
हमारे यहाँ गिनती76 से नहीं मिलते।
허마레 여항 긴띠- 쎄 너힝- 밀'떼.

D : 예, 석류는 저울로 구입합니다.
हाँ, अनार तोल77 से मिलते हैं।
항, 어나르 똘' 쎄 밀'떼 행.

오로지 바나나와 오렌지는 개수로 구입합니다.
सिर्फ केले और संतरे गिनती से मिलते हैं।
씨르프 껠레' 오우르 썬뜨레 긴띠- 쎄 밀'떼 행.

19.4.2. मिलना 밀르'나 (만나다)

A : 말씀하세요, 무슨 일이 있었어요? 당신은 매니저를 만났어요?
कहिए, क्या हुआ ? आप मैनेजर से मिले ?
꺼히에, 꺄 후아 ? 압 매네저르 쎄 밀레' ?

알아두기 75. m. 감정 ; 가격, 시세   76. f. 계산   77. = तौल f. 무게

B : 저는 그의 집에 갔습니다. 그러나 그는 집에 없었어요. 어디엔가 갔었어요.
मैं उनके घर गया था। लेकिन वे घर पर नहीं थे। कहीं गये थे।
매- 운께 거르 거야 타. 레'낀 웨 거르 빠르 너힝- 테. 꺼힝- 거예 테.

A : 곧 바로 만나지 못했습니까?
तो अभी आप उनसे नहीं मिले ?
또 어비- 압 운쎄 너힝 밀레' ?

B : 아니에요, 집에서 못 만났습니다. 저는 집에서 회사에 갔습니다.
घर पर तो मिला नहीं। नहीं, मैं घर से उनके दफ्तर में गया।
거르 빠르 또 밀라. 너힝-. 너힝-, 매- 거르 쎄 운께 더프떠르 메 거야.

그 분은 10시에 회사에 왔습니다. 바로 그 때 만났습니다.
वे दस बजे दफ्तर आये। तभी मुलाकात[78] हुई।
웨 더쓰 버제 더프떠르 아예. 떠비- 물라'까뜨 후이-.

A : 당신은 어제도 만나지 않았어요?
आप कल भी उनसे मिले थे न ?
압 껄' 비- 운쎄 밀레' 테 너 ?

B : 예, 만났습니다. 그러나 일은 없었습니다.
हाँ, मिला था। लेकिन काम नहीं हुआ।
항, 밀라' 타. 레'낀 깜 너힝- 후아.

19.5 단계

함께 연습하기

19.5.1. 예문에 따라 'नहीं मिल रहा 너힝- 밀' 러하'의 형태로 문장바꾸기

मुझे कमीज चाहिए ➡ मुझे कमीज नहीं मिल रही।

알아두기 78. f. 만남, 마주침

① उन लोगों को मकान चाहिए। ➡
② बच्चों को खिलौने चाहिए। ➡
③ उसे किताब चाहिए। ➡
④ हमें गाड़ी चाहिए। ➡

---

① उन लोगों को मकान नहीं मिल रहा।
② बच्चों को खिलौने नहीं मिल रहे।
③ उसे किताब नहीं मिल रही।
④ हमें गाड़ी नहीं मिल रही।

19.5.2. 번역하기

① मुझे आप के दोनों पत्र मिले।
② रमेश को रास्ते में पुराना दोस्त मिला।
③ उन्हें बाजार में ऐसा कपड़ा नहीं मिला।
④ क्या मैं आप से दस बजे मिल सकता हूँ?

---

① 나는 당신의 두 편지 모두 받았다.
② 라메쉬는 도중에 옛 친구를 만났다.
③ 그들은 이와 같은 옷을 구입하지 못한다.
④ 제가 당신을 10시에 만날 수 있느냐?

19.5.3. 작문하기

① 나는 친구를 만난다. (मित्र, मिलना)
② 그는 바나나를 개수로 구입한다. (केला, गिनती से, मिलना)
③ 그녀는 나를 만나고 싶어하지 않는다. (मिलना, चाहना)
④ 어머님은 과일을 싸게 구입하신다. (फल, सस्ता, मिलना)

---

① मैं मित्र से मिलता हूँ।
② उसको गिनती से केले मिलते हैं।
③ वह मुझसे मिलना नहीं चाहती।
④ माता जी को फल सस्ते मिलते हैं।

ड्राफ्ट
드라프뜨. (수표)

▲ 다름샬라 티베트 사원내 까페 벽에 외국화폐 모습

20.0

आज सवरे मैंने बैंक से पिता जी के नाम ड्राफ्ट बनवाया।
아즈 써베레 매-네 뱅고 쎄 삐따 지- 께 남 드라프뜨. 번느와야.

डाकघर जाकर मैंने रजिस्ट्री का लिफ़ाफ़ा खरीदा।
다.끄거르 자꺼르 매-네 러지쓰뜨.리- 까 리파파 커리-다.

ड्राफ्ट लिफाफे में डालकर मैंने उस पर पिता जी का पता लिखा।
드라프뜨. 리파페 메- 달.르'꺼르 매-네 우쓰 뻐르 삐따 지- 까 뻐따 리'카.

लिखकर डाक बाबू को दिया।
리'크 꺼르 다.끄 바부- 꼬 디야.

오늘 아침 아버님 이름의 수표를 만들었다.
우체국에 가서 나는 등기용 봉투를 샀다.
수표를 등기봉투에 넣어서 나는 봉투에 아버지의 주소를 적었다.
적어서 우체국 직원에게 주었다.

20.1 단계

단어와 숙어 익히기

- **ड्राफ्ट**
  드.라프뜨.
  m. 수표, 환어음, 지급명령서

- **डाकघर**
  다.끄거르
  m. 우체국

- **लिफाफा**
  리'파파
  m. 봉투

- **डाक**
  다.끄
  f. 우편, 우편물, 우편배달

- **अभी-अभी**
  어비- 어비-
  adv. 바로 지금, 지금 당장

- **संतोष**
  썬또쉬
  m. 만족, 흡족

- **संतुष्ट**
  썬뚜쉬뜨.
  a. 만족한, 흡족한

- **दफ्तर**
  더프떠르
  m. 회사(사무실)

- **भेजना**
  베즈나
  v. 보내다.

- **इलाज**
  일라'즈
  m. 치료

20.2 단계

문법 따라잡기

| 사역동사 |

20.2.1. 단순구문

① 노래를 들었다.
गाना सुना।
가나 쑤나.

② 아이는 잠자고 있다. |자동사|
बच्चा सो रहा है।
벗짜 쏘 러하 해.

③ 모한은 편지를 쓰고 있다. |타동사|
मोहन पत्र लिख रहा है।
모헌 뻐뜨러 리'크 러하 해.

20.2.2. 직접 사역동사

① 노래를 불러요.
गाना सुनाओ।
가나 쑤나오.

② 아야는 아이를 잠재우고 있다.
आया बच्चे को सुला रही है।
아야 벗쩨 꼬 쑬라' 러히 해.

③ 아버님은 모한에게 편지를 쓰게 하신다.
पिता जी मोहन से पत्र लिखवा रहे हैं।
삐따 지- 모헌 쎄 뻐뜨러 리'크와 러헤 행.

20.2.3. 간접 사역동사

① 노래를 들려주오.
गाना सुनवाओ।
가나 쑨와오.

② 어머니는 아야에게 아이를 잠재우게 하고 있다.
माँ आया से बच्चे को सुलवा रही है।
망 아야 쎄 벗쩨 꼬 쑬'와 러히- 해.

기본 동사		파생 동사	
자동사	타동사	제1사역동사	제2사역동사
हंसना (웃다)		हंसाना (웃게 하다)	हंसवाना (웃도록 하다)
सोना (잠자다)		सुलाना (잠재우다)	सुलवाना (잠재우게 하다)
उड़ना (날다)		उड़ाना (날리다)	उड़वाना (날아가게 하다)
उठना (일어나다)		उठाना (일으키다)	उठवाना (일어나게 하다)
उतरना (내리다)		उतारना (타다)	उतरवाना (내리게 하다)
निकलना (나오다)		निकालना (꺼내다)	निकलवाना (꺼내게 하다)
पढ़ना (읽다)		पढ़ना (가르치다)	पढ़वाना (읽게 하다)
	खाना (먹다)	खिलाना (먹이다)	खिलवाना (먹여주다)
	पीना (마시다)	पिलाना (마시게 하다)	पिलवाना (마시도록 하다)
	देखना (보다)	दिखाना (보여주다)	दिखवाना (보이게 하다)
	धोना (빨다)	धुलाना-धुलवाना (빨게 하다)	
	करना (하다)	कराना-करवाना (하게 하다)	
	देना (주다)	दिलाना-दिलवाना (주게 하다)	
	लिखना (기록하다)	लिखाना-लिखवाना (기록하게 하다)	
	रखना (간직하다)	रखाना-रखवाना (간직하게 하다)	
	बनाना (만들다)	बनवाना (만들게 하다)	
	ढूँढ़ना (찾다)	ढूँढ़वाना (찾게 하다)	
	बेचना (팔다)	बिकवाना (팔게 하다)	
	बुनना (짜다, 뜨다)	बुनवाना (짜게 하다)	
	भरना (채우다)	भरवाना (채우게 하다)	
	खरीदना (사다)	खरिदवाना (사게 하다)	
	बाँटना (나누다)	बँटवाना (나누게 하다)	

20.3 단계

표현 따라하기

20.3.1.

① 어머니는 음식을 만든다.
माँ खाना बनाती है।
망   카나   버나띠-   해.

어머니는 하인에게 음식을 만들게 한다.
माँ नौकर से खाना बनवाती है।
망   노우꺼르 쎄   카나   번느와띠-   해.

② 라다는 손수 빨래를 한다.
राधा खुद[79] कपड़े धोती है।
라다   쿠드   꺼쁠레.   도띠-   해.

기따는 바쎈띠에게 빨래하게 한다.
गीता बसंती से कपड़े धुलवाती है।
기-따   버썬띠-   쎄   꺼쁠레.   둘르'와띠-   해.

③ 람은 손수 의자들을 붙인다.
राम खुद कुर्सियाँ लगाता है।
람   쿠드   꾸르씨양   러'가따   해.

아흐마드는 하인에게 의자들을 붙이게 한다.
अहमद नौकर से कुर्सियाँ लगवाता है।
어흐머드   노우꺼르 쎄   꾸르씨양   러'그와따   해.

④ 샤르마 씨는 손수 여행가방을 올렸다.
शर्मा जी ने खुद सूटकेस उठाया।
셔르마   지-   네   쿠드   쑤-뜨.께쓰   우타.야.

라힘 씨는 짐꾼에게 여행가방을 들게 했다.
रहीम साहब ने कुली से सूटकेस उठवाया है।
러힘-   싸헙   네   꿀리'-   쎄   쑤-뜨.께쓰   우트.와야   해.

⑤ 나는 하인에게 모든 나무를 자르게 했다.
मैंने नौकर से सारे पेड़ कटवाये।
매-네   노우꺼르 쎄   싸레   뻴르.   꺼뜨.와예.

알아두기 79. Refl. Pron. 자신

⑥ 오늘 나는 여자 하인에게 모든 옷을 세탁하게 했다.
आज मैंने नौकर से सारे कपड़े धुलवाये।
아즈 매-네 노우꺼르 쎄 싸레 꺼쁘레. 둘르'와예.

⑦ 오는 나는 하인에게 책상과 의자들을 붙이게 했다.
आज मैंने नौकर से मेज-कुर्सियाँ लगवायीं।
아즈 매-네 노우꺼르 쎄 메즈 꾸르씨양 러'그와잉.

20.4 단계

힌디로 말하기 🎧

20.4.1. बॉक्स या बक्सा 박쓰 야 벅싸 (상자)

A : 이봐요, 위쪽에 상자가 있지 않아요. 그것을 내려 주세요.
सुनो, ऊपर वह बॉक्स या बक्सा है न। उसे उतार दो।
쑤노, 우-뻐르 웨흐 박쓰 야 벅싸 해 너. 우쎄 우따르 도.

B : 누구한테 내리게 할까요?
किससे उतरवाऊँ ?
끼쓰쎄 우따르와웅-?

오늘 하인이 오지 않았습니다. 내가 바로 위로 올라가 내려드립니다.
आज नौकर नहीं आया है। मैं ही ऊपर चढ़कर उतार देता हूँ।
아즈 노우꺼르 너힝- 아야 해. 매-히- 우-뻐르 쩌르.꺼르 우따르 데따 훙-.

A : 너 올라가지마라. 상자가 무거워요.
तुम मत चढ़ो। बॉक्स या बक्सा भारी है।
뚬 머뜨 쩌로. 박쓰 야 벅싸 바리- 해.

내일 하인이 올 테니까, 그에게 내리게 할 것이다.
कल नौकर आएगा, तो उससे उतरवा लेंगे।
껄' 노우꺼르 아에가, 또 우쓰쎄 우따르와 렝'게.

20.4.2. किताब 끼땁 (책)

C : 잠시 저 책을 꺼내 주십시오. 위에 있는, 바로 그것입니다.
आप जरा वह किताब निकलवाइए। वही, ऊपर वाली।
압 저라 웨흐 끼땁 니껄르'와이에. 버히-, 우-뻐르 왈리'-.

D : 여기에 아무도 없습니다.
   यहाँ और कोई आदमी नहीं है।
   여항 오우르 꼬이- 아드미- 너힝- 해.

   안으로 들어오셔서 직접 꺼내십시오.
   आप अंदर आइए और स्वयं निकाल लीजिए।
   압 언더르 아이에 오우르 쓰워영 니깔' 리'-지에.

C : 당신이 계시잖아요? 당신이 좀 꺼내 주십시오.
   आप तो है न ? आप ही निकाल दीजिए।
   압 또 해 너? 압 히- 니깔' 디-지에.

D : 제 발이 아픕니다. 위로 올라 갈 수가 없습니다.
   मेरे पैर में चोट है। मैं ऊपर चढ़ नहीं सकता।
   메레 빼르 메 쪼뜨. 해. 매-우-뻐르 쩌르. 너힝- 써끄따.

20.4.3. टाइप 따.이쁘

E : 이 편지를 너는 누구에게 타이프 치게 했느냐?
   यह खत तुमने किससे टाइप करवाया था ?
   예흐 카뜨 뚬네 끼쓰쎄 따.이쁘 꺼르와야 타 ?

F : 아마르 에게요. 왜요?
   अमर से। क्यों ?
   어머르 쎄. 꿍 ?

E : 이 편지에 오타가 많습니다.
   इसमें बहुत गलतियाँ हैं।
   이쓰메 버후뜨 걸'띠양 행.

   그는 타이프를 못 쳐요. 다른 사람을 시켜서 쳐오세요.
   उसे टाइप करना नहीं आता। किसी और से करवाओ।
   우쎄 따.이쁘 꺼르나 너힝- 아따. 끼씨- 오우르 쎄 꺼르와오.

F : 오늘 회사에 아무도 없습니다. 가져오세요. 바로 제가 해 드리지요.
   आज दफ़्तर में कोई और नहीं है। लाइए, मैं ही कर देता हूँ।
   아즈 더프떠르 메- 꼬이- 오우르 너힝- 해. 라'이에, 매- 히- 꺼르 데따 훙-.

20.4.4. आवेदन-पत्र[79] 아베던 뻐뜨러 (신청서)

G : 아버님, 이 신청서를 어떻게 채워야 합니까?
　　पिता जी, यह आवेदन पत्र कैसे भरना है ?
　　　뻐따 지-, 예흐 아베던 뻐뜨러 깨쎄 버르나 해 ?

H : 모든 것을 읽고 앞에 있는 것들을 써라.
　　सारी बातें पढ़ लो और सामने उन पर लिख दो।
　　　싸리- 바뗑 뻐르. 로' 오우르 쌈네 운 뻐르 리'크 도.

G : 아니에요, 저는 쓸 줄을 모릅니다.
　　नहीं। मुझे भरना नहीं आता।
　　　너힝-, 무제 버르나 너힝- 아따.

　　당신이 저에게 쓰게 해 주십시오. 말씀해 주시면, 쓰겠습니다.
　　आप मुझे लिखा दीजिए। आप बोलिए, मैं लिख लूँगा।
　　　압 무제 리카 디-지에. 압 볼리'에. 매- 리크 룽'가.

H : 얘야, 나는 일이 있다. 너는 라다에게 쓰게 해라.
　　बेटी, मुझे काम है। तुम राधा से भरवा लो।
　　　베티.-, 무제 깜 해. 뚬 라다 쎄 버르와 로'.

G : 그는 또 샤르마집에갑니다.
　　यह तो शर्मा के घर जा रही है।
　　　예흐 또 셔르마 께 거르 자 러히- 해.

H : 또 그러면 모한을 통해 쓰려무나.
　　तो फिर मोहन से लिखवा लो।
　　　또 피르 모헌 쎄 리'크와 로'.

　　모한, 이 신청서를 써 주거나 아쇼크에게 쓰게 해 주세요.
　　मोहन, यह आवेदन पत्र लिख दो या अशोक से लिखवा दो।
　　　모헌, 예흐 아베던 뻐뜨러 리'크 도 야 어쇼끄 쎄 리'크와 도.

알아두기

80. m. 신청, 지원 ; ~पत्र 신청서, 지원서

20.5단계

함께 연습하기

20.5.1. 괄호속에 사역동사 채우기

① माँ ने मोहन को कमरे में (   ) । (सोना의 사역)
② मैंने नौकर से चाय (   ) । (बनाना의 사역)
③ मैंने अशोक से आज बहुत काम (   ) । (करना의 사역)
④ मोहन गोपाल द्वारा सोहन से पत्र (   ) । (लिखना의 사역)
⑤ मालिक ड्राइवर से कार (   ) । (चलना의 사역)

---

① सुलाया ② बनवायी ③ करवाये ④ लिखवाता ⑤ चलवाता

20.5.2. 번역하기

① किसी बढ़ई से अच्छी कुर्सी बनवाओ।
② मैं सारा सामान अपने मित्र से भिजवाया था।
③ माली ने उस लड़के से चिट्ठी पढ़वायी।
④ हमने नौकर से चाय बनवायी।
⑤ आपने दर्जी से कपड़े सिलवाये।

---

① (너는) 어느 목수한테 맡겨서 멋진 의자를 만들어라.
② 나는 내 물건을 내 친구한테 부탁하여 전달하게 하였다.
③ 정원사는 소년에게 부탁하여 편지를 읽게 하였다.
④ 우리는 하인에게 차를 타오게 하였다.
⑤ 당신은 재단사에게 옷을 짓게 하였다.

제 3 장

부록
(परिशिष्ट)

힌디자음 발음도표

발음위치	발음 방법 聲音	발음 방법 氣音	파열 स्पर्श	과찰음 स्पर्शसंघर्षी	마찰음 संघर्षी	설측음 पार्श्विक	설전음 लुंठित	설탄음 उत्क्षिप्त	비음 नासिक्य	반모음 अर्धस्वर
양순음 ओष्ठ्य	무성음	무기음 유기음	प p / फ ph							
양순음 ओष्ठ्य	유성음	무기음 유기음	ब b / भ bh						म m / *म्ह mh	व w
순치음 दंतोष्ठ्य	무성음	무기음 유기음			◆व़ / v / f					
순치음 दंतोष्ठ्य	유성음	무기음 유기음								
치음 दंत्य	무성음	무기음 유기음	त t / थ th							
치음 दंत्य	유성음	무기음 유기음	द d / ध dh							
치경음 वर्त्स्य	무성음	무기음 유기음			स s					
치경음 वर्त्स्य	유성음	무기음 유기음			◆ज़ z	ल l / *ल्ह lh	र r		न n / *न्ह nh	
권설음 मूर्द्धन्य	무성음	무기음 유기음	ट ṭ / ठ ṭh		स s					
권설음 मूर्द्धन्य	유성음	무기음 유기음	ड ḍ / ढ ḍh					*ड़ R / *ढ़ Rh	ण ṇ	
경구개음 तालव्य	무성음	무기음 유기음		च c / छ ch						
경구개음 तालव्य	유성음	무기음 유기음		ज j / झ jh					ञ ñ	य y
연구개음 कोमलतालव्यकंठ्य	무성음	무기음 유기음	क k / ख kh		◆ख़ qh					
연구개음 कोमलतालव्यकंठ्य	유성음	무기음 유기음	ग g / घ gh		*ग़ / ◆G				ङ ṅ	
인두음 अलिजिह्वीय	무성음	무기음 유기음	◆क़ q							
인두음 अलिजिह्वीय	유성음	무기음 유기음								
성문음 स्वरयंत्र	무성음	무기음 유기음								
성문음 स्वरयंत्र	유성음	무기음 유기음			ह h					

* 이 음소들은 힌디방언에서 유입된 음성들이다.
◆ 이 음소들은 우르드어에서 유입된 음성들이다.

I. 기 수

1. एक	에끄	2. दो	도
3. तीन	띤-	4. चार	짜르
5. पाँच	빤쯔	6. छह	채
7. सात	싸뜨	8. आठ	아트.
9. नौ	노우	10. दस	더쓰
11. ग्यारह	갸러흐	12. बारह	바러흐
13. तेरह	떼러흐	14. चौदह	쪼우더흐
15. पंद्रह	뻔드러흐	16. सोलह	쏠러흐
17. सत्रह	써뜨러흐	18. अठारह	아타.러흐
19. उन्नीस	운니-쓰	20. बीस	비-쓰
21. इक्कीस	익끼-쓰	22. बाईस	바이-쓰
23. तेईस	떼이-쓰	24. चौबीस	쪼우비-쓰
25. पच्चीस	뻣찌-쓰	26. छब्बीस	첫비-쓰
27. सत्ताईस	싸따이-쓰	28. अट्ठाईस	엇타.이-쓰
29. उनतीस	운띠-쓰	30. तीस	띠-쓰
31. इकतीस	이끄띠-쓰	32. बत्तीस	벗띠-쓰
33. तैंतीस	땐띠-쓰	34. चौंतीस	쪼운띠-쓰
35. पैंतीस	뺀띠-쓰	36. छत्तीस	첫띠-쓰
37. सैंतीस	쌘띠-쓰	38. अड़तीस	어르.띠-쓰
39. उनतालीस	운딸리'-쓰	40. चालीस	짤리'-쓰
41. इकतालीस	읶딸리'-쓰	42. बयालीस	버알리'-쓰
43. तैंतालीस	땐딸리'-쓰	44. चौवालीस	쪼우왈리'-쓰
45. पैंतालीस	뺀딸리'-쓰	46. छियालीस	치알리'-쓰
47. सैंतालीस	쌘딸리.-쓰	48. अड़तालीस	어르.딸리'-쓰
49. उनचास	운짜쓰	50. पचास	뻐짜쓰
51. इक्यावन	이꺄번	52. बावन	바번

53. तिरपन	띠르뻔	54. चौवन	쪼우번
55. पचपन	뻐쯔뻔	56. छप्पन	첩뻔
57. सत्तावन	썻따번	58. अट्ठावन	엇타.번
59. उनसठ	운써트.	60. साठ	싸트
61. इकसठ	읶써트.	62. बासठ	바써트.
63. तिरसठ	띠르써트.	64. चौंसठ	쪼운써트.
65. पैंसठ	뺀써트.	66. छियासठ	치야써트.
67. सड़सठ	써르써트.	68. अड़सठ	어르.써트.
69. उनहत्तर	운헉떠르	70. सत्तर	썻떠르
71. इकहत्तर	읶헛떠르	72. बहत्तर	버헛떠르
73. तिहत्तर	띠헛떠르	74. चौहत्तर	쪼우헛떠르
75. पचहत्तर	뻐쯔헛떠르	76. छिहत्तर	치헛떠르
77. सतहत्तर	써뜨헛떠르	78. अठहत्तर	어트.헛떠르
79. उन्नासी	우나씨-	80. अस्सी	엇씨-
81. इक्यासी	이꺄씨-	82. बयासी	버야씨-
83. तिरासी	띠라씨-	84. चौरासी	쪼우라씨-
85. पचासी	뻐짜씨-	86. छियासी	치야씨-
87. सत्तासी	썻따씨-	88. अट्ठासी	엇타.씨-
89. नवासी	너바씨-	90. नब्बे	넙베
91. इक्यानवे	이꺄너베	92. बानवे	바너베
93. तिरानवे	띠라너베	94. चौरानवे	쪼우라너베
95. पंचानवे	뻐짜너베	96. छियानवे	치라너베
97. सत्तानवे	썻따너베	98. अट्ठानवे	엇타.너베
99. निन्यानवे	니냐너베	100. सौ	쏘우

1. ㅇ(영); शून्य	슌여	2. 천; हजार	허자르
3. 만; दस हजार	더쓰 허자르	4. 십만; लाख	라'크
5. 천만; करोड़	꺼롤르.	6. 억; दस करोड़	더쓰 꺼롤르.
7. 십억; अरब	어럽	8. 천억; खरब	커럽

II. 서수

1. 첫번째	पहला	뻬흘라	2. 두번째	दूसरा	두-쓰라
3. 세번째	तीसरा	띠-쓰라	4. 네번째	चौथा	쪼우타
5. 다섯째	पाँचवाँ	빵쯔방	6. 여섯째	छठा	처타
7. 일곱째	सातवाँ	싸뜨방	8. 여덟째	आठवाँ	아트방
9. 아홉째	नवाँ	너방	10. 열째	दसवाँ	더쓰방

III. 분수

1/2	आधा	아다ʰ	1과 1/2	डेढ़	데.르ʰ.
1/3	एक तिहाई	에끄 띠하이-	2과 1/2	ढाई	다ʰ.이-
3/4	पौन	뽀운	1과 1/4	सवा	써와
−1/4	पौने	뽀우네	+1/2	साढ़े	싸레ʰ.

IV. 배수

2배	दूगुना	두-구나	3배	तिगुना	띠구나
4배	चौगुना	쪼우구나	5배	पचगुना	뻐쯔구나
6배	छगुना	처구나	7배	सतगुना	써뜨구나
8배	अठगुना	어트.루나	9배	नौगुना	노우구나
10배	दसगुना	더쓰구나	11배	ग्यारहगुना	갸러흐구나

V. 집합

둘 모두	दोनों	도농	셋 모두	तीनों	띠-농
넷 모두	चारों	짜롱	다수(스믈) 모두	बीसियों	비-씨용
수백 모두	सैकड़ों	쌔끌롱.	수천 모두	हजारों	허자롱
수백만 모두	करोड़ों	꺼롤롱.			

VI. 요일과 달

1. 요일

일요일	इतवार (रविवार)	이뜨와르 (러비와르)
월요일	सोमवार	쏨와르
화요일	मंगलवार	멍걸'와르
수요일	बुधवार	^{h}부드와르
목요일	बृहस्पतिवार (गुरुवार)	브리허쓰띠와르 (구루와르)
금요일	शुक्रवार	슈끄러와르
토요일	शनिवार (शनीवार)	셔니와르 (셔니-쩌르)

2. 달

1월	जनवरी	전버리-	2월	फ़रवरी	퍼르버리-
3월	मार्च	마르쯔	4월	अप्रैल	어쁘랠
5월	मई	머이-	6월	जून	준-
7월	जुलाई	줄라'이-	8월	अगस्त	어거쓰뜨
9월	सितम्बर	씨떰버르	10월	अक्तूबर	엌뚜-버르
11월	नवम्बर	너범버르	12월	दिसम्बर	디썸버르

VII. 문법

1. 문장의 어순

1) 주어 + 동사
그는 여기에 왔다.
वह यहाँ आया।
웨흐 여항 아야.

2) 주어 + 보어 (주격보어) + 동사 (자동사)
그것은 학교이다.
वह स्कूल है।
웨흐 쓰꿀'- 해.

3) 주어 + 목적어 + 동사 (타동사)
나는 일을 한다.
मैं काम करता हूँ।
매- 깜 꺼르따 홍-.

4) 주어 + 동사 + 목적절
나는 세상에는 많은 악들이 있다고 생각한다.
मैं समझता हूँ कि संसार में कई बुराइयाँ हैं।
매- 써마즈따 홍- 끼 썬싸르 메 꺼이- 부라이양 행.

5) 주어 + 직접목적어 + 간접목적어 + 동사 (타동사)
나는 너에게 여러 번 경고를 했다.
मैंने तुमको कई बार चेतावनी दी है।
매-네 뚬꼬 꺼이- 바르 쩨따브니- 디- 해.

6) 주어 + 목적어 + 보어 + 동사
그는 나를 바보로 만들었다.
उसने मुझे बेवकूफ बनाया।
우쓰네 무제 베워꾸-프 버나야.

※ 이 문형들은 한국어와 매우 유사하고, 힌디에서 비교적 많이 나오는 대표적 형태들이다.

2. 명사

* 남성과 여성

1) 자연적인 성 (생물)
   남성 ; लड़का 소년
   여성 ; लड़की 소녀

2) 어형에 의한 성
   남성 ; -आ -아 힌디 ;   कमरा 꺼므라   कपड़ा 꺼쁠라.
   여성 ; -आ -아 싼스끄리뜨 ; आशा 아샤   यात्रा 야뜨라
   여성 ; -ई -이- ;   खिड़की 킬르.끼-   झोंपड़ी 좀쁠리.-

3) 의미에 의한 성
   남성 ; 직업 धोबी 도비- 세탁부 (धोबिन* 도빈 여성 세탁부)
          सुनार 쑤나르 금세공사 (सुनारिन* 쑤나린 여성 금세공사)
   여성 ; 강과 언어의 명칭
          गंगा 강가, हिंदी 힌디

4) 명사의 활용

		단 수	복 수
남 성 -आ -아	직 격	-आ -아 लड़का 럴'르.까 (소년)	-ए -에 लड़के 럴'르.께 (소년글)
	사 격	-ए -에 लड़के (का) 럴'르.께	-ओं -옹 लड़कों (का) 럴'르.꽁
남 성 (그 외의 것)	직 격	- मकान (का) 머깐 (집)	- मकान 머깐 (집들)
	사 격	- मकान 머깐	-ओं -옹 मकानों (का) 머까농
여 성 -ई (इ)	직 격	-ई (इ) -이-(이) लड़की 럴'르.끼- (소녀)	-इयाँ -이양 लड़कियाँ 럴'르.끼양 (소녀들)
	사 격	-ई (इ) -이-(이) लड़की (का) 럴'르.끼-	-इयों -이용 लड़कियों (का) 럴'르.끼용

		단 수	복 수
여 성 -इया	직 격	-इया -이야 चिड़िया 찔리.야 (새)	-इयाँ -이얗 चिड़ियाँ 찔리.얗 (새들)
	사 격	-इया -이야 चिड़िया (का) 찔리.야	-इयों 이용 चिड़ियों (का) 찔리.용
그 외의 것	직 격	- किताब 끼땁 (책)	-एँ 엥 किताबें 끼따벵 (책들)
	사 격	- किताब (का) 끼땁	-ओं -옹 किताबों (का) 끼따봉

3. 형용사

1) -आ로 끝나는 형용사

		단 수	복 수
남 성	직 격	-आ -아 अच्छा कमरा 엇차 꺼므라	-ए -에 अच्छे कमरे 엇체 꺼므레
	사 격	-ए -에 अच्छे कमरे (को) 엇체 꺼므레(꼬)	-ए -에 अच्छे कमरों (को) 엇체 꺼므롱(꼬)
여 성	직 격	-ई -이- अच्छी पुस्तक 엇치 뿌스떠끄	-ई -이- अच्छी पुस्तकें 엇치 뿌스떠껭
	사 격	-ई -이- अच्छी पुस्तक (को) 엇치 뿌스떠끄(꼬)	-ई -이- अच्छी पुस्तकों (को) 엇치 뿌스떠꽁(꼬)

2) 그 밖의 형용사는 활용하지 않는다.

सुंदर लड़का 아름다운 소년
쑨더르 럴르.까

सुंदर लड़की 아름다운 소녀
쑨더르 럴르.끼-

सुंदर लड़के 아름다운 소년들
쑨더르 럴르.께

सुंदर लड़कियों ने 아름다운 소녀들
쑨더르 럴르.끼용네

कठिन पुस्तकें 어려운 책
꺼틴. 뿌스떠껭

कीमती हीरा 값비싼 다이아몬드
끼-므띠- 히-라

4. 동사

4.1 होना 호나 동사 (…이다, 있다)

	단 수	복 수
1 인칭	मैं 매- …. हूँ 훙-ㅣ 나는 학생이다. मैं विद्यार्थी हूँ। 매- 비댜르티- 훙-.	हम 험 …. हैं 행ㅣ 우리들은 학생들이다. हम विद्यार्थी हैं। 험 비댜르티- 행.
2 인칭	तू 뚜- …. है 해ㅣ 너는 무용지물이 아니다. तू बेकार नहीं है। 뚜 베까르 너힝 해.	तुम 뚬 …. हो 호ㅣ 너는 시인이다. तुम कवि हो। 뚬 꺼비 호. आप 압 …. हैं 행ㅣ 당신은 의사 선생님이다. आप डॉक्टर हैं। 압 닥.떠.르 행.
3 인칭	वह 웨흐 …. है 해ㅣ 그는 이웃사람이다. वह पड़ोसी है। 웨흐 뻘로.씨- 해.	वे 웨 …. हैं 행ㅣ 그 분은 선생님이다.(그들은 선생들이다.) वे अध्यापक हैं। 웨 어뎌뻐꼬 행.

4.2 현재시제

1) 현재분사 (동사원형+तल 따) + होना 호나

남 성 -आ -아	단 수 -ता 따	나는 일을 한다. मैं काम करता हूँ। 매- 깜 꺼르따 훙-.
	복 수 -ते 떼	우리들은 일을 한다. हम काम करते हैं। 험 깜 꺼르떼 행.

	단수 -ती 띠	나는 일을 한다. **मैं काम करती हूँ।** 매- 깜 꺼르띠- 홍-.
여 성	복수 -ती 띠	우리들은 일을 한다. **हम काम करती हैं।** 험 깜 꺼르띠 행.

2) 현재진행형 = 동사원형 + रहा 러하 (रहे, रही 러헤, 러히-) + होना 호나

그 소년은 가고 있다.
वह लड़का जा रहा है।
웨흐 러'르.까 자 러하 해.

이 소녀는 가고 있다.
यह लड़की जा रही है।
예흐 러'르.끼- 자 러히- 해.

당신은 아그라에 가고 있다.
आप आगरा जा रहे हैं।
압 아그라 자 러헤 행.

4.3 미래시제

	단 수	복 수
1 인칭	ऊँगा 웅-가　ऊँगी 웅-기-	एँगे 엥게　एँगी 엥기-
2 인칭	एगा 에가　एगी 에기-	ओगे 오게　ओगी 오기- एँगे 엥게　एँगी 엥기-
3 인칭	एगा 에가　एगी 에기-	एँगे 엥게　एँगी 엥기-

|단수|　　　　　　　|복수|
①　나는 농부가 될 것이다.　　　　우리들은 농부가 될 것이다.
मैं किसान बनूँगा।　　　　　　**हम किसान बनेंगे।**
매- 끼싼 버눙-가.　　　　　　험　끼싼 버넹게.

② 너는 학교에 갈 것이다.　　　　너희들은 학교에 갈 것이다.
तू स्कूल जाएगा।　　　　　　**तुम स्कूल जाओगे।**
뚜 스꿀- 자에가.　　　　　　뚬 스꿀 자오게.

당신은 학교에 갈 것이다.
आप स्कूल जाएँगे।
압 스꿀 자엥게.

③ 그는 매우 훌륭한 사람이다.
वह बड़ा अच्छा आदमी होगा।
웨흐 벌라 엇차 아드미- 호가.

그들은 한 푼도 주지 않을 것이다.
वे एक पैसा भी नहीं देंगे।
웨 에끄 빼싸 비- 너힝- 뎅게.

4.4 불확실한 미래

미래시제의 'गा 가, गे 게 와 गी 기-'의 어간을 생략하면, 불확실한 의미의 미래이면서 그 가능성이나 정중한 부탁에 대한 표현이 된다.

1 인칭	मैं 매- … ऊँ 웅-	हम 험 … एँ 엥
2 인칭	तू 뚜- … ए 에	तुम 뚬 … ओ 오
3 인칭	वह 웨흐 … ए 에	वे 웨 … एँ 엥

아마 그는 이곳에 올 것이다. |가능성|
शायद वह यहाँ आए।
샤여드 웨흐 여항 아에.

당신에게 평화가 깃들기를 바랍니다. |기원|
आपको शान्ति प्राप्त हो।
압꼬 샨띠 쁘라쁘뜨 호.

저의 부모님을 만나 주십시오. |정중한 부탁|
आप हमारे माँ-बाप से मिलें।
압 허마레 망 바쁘 쎄 밀렝'.

제가 뭄바이를 어떻게 가야 하나? |당황한 경우|
मैं मुंबई कैसे जाऊँ ?
매- 뭄버이- 깨쎄 자웅- ?

네 마음을 여기에 붙이지 못하지 않을까 걱정스럽다. |염려|
मुझे डर है कि तुम्हारा मन यहाँ न लगे।
무제 더.르 해 끼 뚬하라 먼 여항 너 러'게.

4.5. 명령법

1) 현재 명령

तू 뚜- ; 동사원형 + तू इधर आ। 뚜- 이더르 아. (너 이곳에 와.)
तुम 뚬 ; 동사원형 + -ओ तुम इधर आओ। 뚬 이더르 아오. (너는 이곳에 와라)
आप 압 ; 동사원형 + -इये आप इधर आइए। 압 이더르 아이에. (이곳에 오십시오)

करना, देना, लेना, पीना ➡ कीजिए, दीजिए, लीजिए, पीजिए
꺼르나, 데나, 레'나, 삐-나   끼-지에, 디-지에, 리'-지에, 삐-지에

2) 미래 명령

तू와 तुम ; ना부정사

이와 같은 일을 하지 마시오.
ऐसा काम मत करना !
애싸   깜   머뜨 꺼르나!

आप ; 원형동사(+इएगा)

편지를 꼭 쓰십시오.
चिट्ठी जरूर लिखिएगा ।
찟티.-   저루-르 리'키에가.

4.6 과거시제

1) होना (이었다)

	단 수	복 수
남 성	था 타	थे 테
여 성	थी 티-	थीं 팅-

2) होना (되었다, 일어났다)

	단 수	복 수
남 성	हुआ 후아	हुए 후에
여 성	हुई 후이-	हुईं 후잉

3) 동사원형 + -आ (या) (과거분사; 였다)

	단 수	복 수
남 성	आ (या) 아 (야)	ए (ये) 에 (예)
여 성	ई (यी) 이-	ईं (यीं) 잉-

4) 과거진행형 ; 동사원형 + रहा 러하(रहे 러해, रही 러히-) + था 타(थे 테, थी 티-)
 (… 을 하고 있었다.)

그는 키가 컸다.
वह कद में बड़ा था।
웨흐 꺼드 메 벌라. 타.

아버님은 매우 인자하셨다.
पिता जी बहुत दयालु थे।
삐따 지- 버후뜨 더얄루' 테.

어머님도 관대하셨다.
माँ भी उदार थीं।
망 비- 우다르 팅-.

무슨 일이 일어났느냐?
क्या हुआ ?
꺄 후아 ?

당신을 만나 기뻤다.
आप से मिलकर खुशी हुई।
압 쎄 밀'꺼르 쿠시- 후이-.

내 아이는 학교에 갔다.
मेरा बच्चा स्कूल गया।
메라 벗짜 쓰꿀- 거야.

그 소년은 책을 읽고 있었다.
वह लड़का किताब पढ़ रहा था।
웨흐 러'르.까 끼땁 뻐르.러하 타.

4.7. 관습적 과거시제

1) 현재분사 (동사원형 +ता 따) + था 타 (थे 테, थी 티-, थीं 팅-)

※ था 타 (थे 테, थी 티-, थीं 팅-)의 동사를 생략하기도 한다.

나의 친구는 뭄바이에 전에 살곤했다.
पहले मेरा दोस्त मुंबई में रहता था।
뻬흘레 메라 도쓰뜨 뭄버이- 메 레흐따 타.

그 분은 애들에게 물을 마시게 하곤 했다.
वे अपने बच्चों को पानी पिलाते (थे)।
웨 어쁘네 벗쫑 꼬 빠니- 삘라'떼 (테).

2) 동사원형 + आ 아(या 야) + करता 꺼르따(ते 떼, ती 띠-) था 타 (थे 테, थी 티-)

할머니는 내게 애기들을 들려주곤 하셨다.
दादी मुझे कहानियाँ सुनाया करती थीं।
다디- 무제 꺼하니양 쑤나야 꺼르띠- 팅-.

4.8. 타동사의 과거분사

| 주어 + ने 네 + 목적어 + 타동사의 과거분사 |

※동사는 목적어의 성과 수가 일치한다.

나는 문을 닫았다.
मैंने दरवाजा |남성. 단수| **बंद किया।**
매-네 더르바자 번드 끼야.

소녀는 옷들을 샀다.
लड़की ने कपड़े |남성. 복수| **खरीदे।**
럴'르.끼- 네 꺼쁠레 커리.-데.

어린이들은 창문을 깨뜨렸다.
बच्चों ने खिड़की |여성. 단수| **तोड़ी।**
벗쫑 네 킬르.끼- 똘리.-.

그는 책들을 읽었다.
उसने किताबें | पढ़ी |
우쓰네 끼다벵   여성. 복수. 뻐리.-.

나는 학생들에게 힌디를 가르쳤다.
मैंने छात्रों को हिंदी | पढ़ाई |
매-네 차뜨롱 꼬 힌디-   여성. 단수. 뻘라.이-.

나는 개들을 때렸다.
मैंने कुत्तों को मारा |
매-네 꿋똥 꼬 마라.

※ 주어와 목적어에 모두 후치사가 오면, 동사는 남성. 단수. 3인칭으로 한다.

4.9. 완료시제

1) 현재완료 ➡ 과거분사 + है 해 (हूँ 훙-, हो 호, हैं 행)

그들은 여러 번 인도에 갔다.
वे कई बार भारत गये हैं |
웨 꺼이- 바르 바러뜨 거예 행.

간디는 자서전에 기록하였다.
गांधी ने अपनी आत्मकथा में लिखा है |
간디- 네 어쁘니- 아뜨머꺼타 메 리'카 해.

2) 과거완료 ➡ 과거분사 + था 타 (थे 테, थी 티-, थीं 팅-)

1945년 8월 15일 대한민국은 독립하였었다.
15 अगस्त 1945 को कोरिया आजाद हुआ था |
뻔드러흐 어거쓰뜨 운니-쓰 쏘우 뻰딸리'-쓰 꼬 꼬리야 아자드 후아 타.

그는 석사학위 시험을 보았었다.
उसने एम. ए. की परीक्षा दी थी |
우쓰네 엠. 에. 끼- 뻐릒-샤 디- 티-.

4.10. 가상법

1) 가능법

가능한 미완료 ➡ 현재분사 + हो 호
가능한 완료 ➡ 과거분사 + हो 호

※ 어떤 행위가 가능하거나 조건적인 경우에 미완료 상태이고, 진행적 상태이다.

우리는 햇빛이 들어오는 그런 집이 필요하다.
हमें ऐसा घर चाहिए जिस में धूप आती हो।
허멩 애싸 거르 짜히에 지쓰 메 두-쁘 아띠- 호.

마치 대지진이 진행 중이었던 것처럼 대지가 흔들리고 있었다.
धरती काँप रही थी मानो बड़ा भूकम्प आया हो।
더르띠- 깜쁘 러히- 티- 마노 벌라 부-껌쁘 아야 호.

2) 추정법

추정적 미완료 ➡ 현재분사 + होगा 호가 (होंगे, होगी, होंगी)
추정적 완료 ➡ 과거분사 + होगा 호가 (होंगे, होगी, होंगी)

학생은 대학교에서 공부하고 있음에 틀림없다.
छात्र विश्वविद्यालय में पढ़ता होगा।
차뜨러 비쉬버비댤러여 메 뻐르.따 호가.

그들은 나를 기다리고 있음에 틀림없다.
वे मेरा इंतजार कर रहे होंगे।
웨 메라 인떠자르 꺼르 러헤 홍게.

당신은 라마야나의 이야기를 들었음에 틀림없다.
आपने 'रामायण' की कहानी तो सुनी होगी।
아쁘네 '라마여너.' 끼- 꺼하니- 또 쑨니- 호기.

4.11. 사역동사

	동사원형	제1사격동사 + आ (ला),	제2사격동사 वा (लवा)
행위자 से	निकलना 니껄르'나 पीना 삐-나 सीखना 씨-크나 करना 꺼르나	निकालना 니깔르.나 पिलाना 삘라.나 सिखाना 씨카나 कराना 꺼라나	निकलवाना 니껄르.와나 पिलवाना 삘르.와나 सिखवाना 씨크와나 करवाना 꺼르와나

아이는 우유를 마신다.
बच्चा दूध पीता है।
벗짜   두-드   삐-따   해.

엄마는 아이에게 우유를 마시게 한다.
माँ बच्चे को दूध पिलाती है।
망   벗쩨   꼬   두-드   삘라.띠-   해.

엄마는 아야 를 통하여 아이에게 우유를 마시게 한다.
माँ आया से बच्चे को दूध पिलवाती है।
망   아야   쎄   벗쩨   꼬   두-드   삘르.와띠-   해.

나는 영어를 공부한다.
मैं अंग्रेजी सीखता हूँ।
매-   엉그레지-   씨-크따   훙-.

나는 나의 아들에게 영어를 가르친다.
मैं अपने लड़के को अंग्रेजी सिखाता हूँ।
매-   어쁘네   러'르.께   꼬   엉그레지-   씨카따   훙-.

나는 선생님이 내 아들에게 영어를 가르치게 하고 있다.
मैं अध्यापक से अपने लड़के को अंग्रेजी सिखवाता हूँ।
맹   어댜뻐끄   쎄   어쁘네   러'르.께   꼬   엉그레지-   씨크와따   훙-.

4.12. 수동태

1) 수동태 ; 행위자 'से 쎄' 또는 'द्वारा 드와라' 과거분사 (타동사) + 'जाना 자나'

적들에 의해 왕은 붙잡혀질 것이다.
शत्रुओं से राजा पकड़े जाएँगे।
셔뜨루옹   쎄   라자   뻐끌레.   자엥게.

종교 축제들은 기쁘게 거행되어진다.
धार्मिक त्योहार खुशी से मनाए जाते हैं।
더르미끄   뜨요하르   쿠시-   쎄   머나에   자떼   행.

모한에게 책들이 주어졌다. 모한은 책들을 받았다.
मोहन को पुस्तकें दी गईं।
모헌   꼬   뿌쓰떠껭   디-   거잉-.

2) 비인칭 수동태 ; 과거분사 (자동사) + 'जाना 자나' (3인칭 남성 단수)

지금 나는 더 이상 걸을 수가 없다.

अब मुझसे नहीं चला जाता।
어브 무즈쎄 너힝- 쩔라'야 자따.

일부러 불에 뛰어드는 사람은 없다.
जान-बूझ कर आग में नहीं कूदा जाता।
잔부-즈 꺼르 아그 메 너힝- 꾸-다 자따.

4.13. 나(ने) 부정사

나 부정사 ➡ 원형동사 + ने 나 ; 영어의 To 부정사와 유사하다.

1) 지도자들은 인내하는 것이 반드시 필요하다.
   नेताओं का उपवास करना बहुत जरूरी है।
   네따옹 까 우쁘와스 꺼르나 버후뜨 저루-리- 해.

2) 나는 걷는 습관이 있었다.
   मुझे टहलने की आदत थी।
   무체 떼.헐르.네 끼- 아더뜨 티-.

3) भूलना नहीं। 불르나 너힝-. (잊지 마라.)

4) (कर)नेवाला (꺼르)네왈라' ⑴ 하는 사람 ⑵ 하려고 하다
   ⑴ 부지런히 일하는 사람들은 성공한다.
      मेहनत करनेवाले आदमी सफल होते हैं।
      메후너뜨 꺼르네왈레' 아드미- 써펄' 호떼 행.
   ⑵ 라다는 뭄바이에 살고 있었다.
      राधा मुंबई की रहनेवाली थी।
      라다 뭄버이- 끼- 레후네왈리'- 티-.

5) (कर)ने लायक (योग्य) (꺼르)네 라'여끄 (요겨) …할 가치가 있는

   인도는 볼만한 가치가 있는 곳이다.
   भारत देखने लायक स्थान है।
   바러뜨 데크네 라'여끄 쓰탄 해.

4.14. 독립부사구

독립부사구 ➡ 동사원형 + कर (के) 꺼르 (께) ; (…하고 나서 또는 … 한 후에)

※ 해당 문장의 주동사 보다 먼저 일어난 행위이다.

가서 그에게 돈을 주십시오.
जाकर उसको पैसे दीजिए।
자꺼르 우쓰꼬 빼쎄 디-지에.

나는 샤워한 후에 식사를 한다.
मैं नहा कर खाना खाता हूँ।
매- 너하 꺼르 카나 카따 훙-.

※ कर 꺼르 대신에 के बाद 께 바드(… 한 후에)로 대체할 수 있다.

मैं नहाने के बाद खाना खाता हूँ।
매- 너하네 께 바드 카나 카따 훙-.

4.15. 복합동사

※ 복합동사는 본동사와 보조동사가 결합한 것이다. 보조동사는 본동사의 의미를 분명하게 하는 역할을 한다.

복합동사 ➡ 본동사 (원형동사) + 보조동사 ; गिर पड़ना 기르 빨르.나. (넘어지다)

1) 그는 우유를 가져올 수 없다.
   वह दूध नहीं ला सकता है।
   웨흐 두-드 너힝- 라' 써끄따 해. (ला सकना)

2) 그녀는 이미 식사를 했다.
   वह खाना खा चुकी है।
   웨흐 카나 카 쭈끼- 해. (खा चुकना)

3) 이 편지를 나를 위하여 읽어라.
   यह पत्र मेरे लिए पढ़ दो।
   예흐 뻐뜨러 메레 리'에 빠르. 도. (पढ़ देना)

4) 이 편지를 읽어라.
   यह खत पढ़ लो।
   예흐 커뜨 빠르. 로'. (पढ़ लेना)

5) 바뿌는 그의 말에 동의했다.
   बापू उसकी बात मान गए।
   바뿌- 우쓰끼 바뜨 만 거에. (मान जाना)

6) 아버지의 말을 듣고 그들은 깜짝 놀랐다.
   पिता की बात सुनकर वे चौंक पड़े।
   삐따 끼- 바뜨 쑨꺼르 웨 쪼웅끄 뻘레.. (चौंक पड़ना)

7) 연못에 연꽃이 피었다.
   तालाब में कमल खिल उठे।
   딸랍 메 꺼멀' 킬' 우테. (खिल उठना)

8) 그는 모든 음식을 먹어 치웠다.
   उसने सारा खाना खा डाला
   우쓰네 싸라 카나 카 달.라'. (खा डालना)

4.16. 'ने 네' 부정사와 관련된 동사

1) 주어 को 꼬 + ने 부정사 + आना 아나 (…을 알다)

   나는 힌디를 읽을 줄 안다.
   मुझे हिंदी पढ़नी आती है।
   무제 힌디- 뻐르.니- 아따띠- 해.

2) 주어 को 꼬 + ने 부정사 + चाहिए 짜히에 (…을 해야 한다)

   우리들은 이 일을 해야 한다.
   हमें यह काम करना चाहिए।
   허멩 예흐 깜 꺼르나 짜히에.

3) 주어 को 꼬 + ने 부정사 + पड़ना 뻘르.나 (…을 꼭 해야 한다)

   람은 씨따의 말에 동의해야 했다.
   राम को सीता की बात माननी पड़ी।
   람 꼬 씨-따 끼- 바뜨 만느니- 뻘리.-.

4) 주어 को 꼬 + ने 부정사 + होना 호나 (…을 꼭 해야 한다)

   나는 꼭 인도에 가야 한다.
   मुझे भारत जाना है।
   무제 바러뜨 자나 해.

5) करने देना 꺼르네 데나 (…을 하도록 허락하다)

   인도에 가도록 허락해 주십시오.
   मुझे भारत जाने दीजिए।
   무제 바러뜨 자네 디-지에.

6) करने लगना 꺼르네 러'그나 (…하기 시작하다)

아이들은 밖에서 놀기 시작했다.
बच्चे बाहर खेलने लगे।
벗쩨   바허르   켈르'네   러'게.

VIII. 가족관계

할아버지	दादा 다다 बाबा 바바	할머니	दादी 다디-
작은 삼촌	चाचा 짜짜 काका 까까	큰숙모	चाची 짜찌- काकी 까끼-
큰 삼촌	ताऊ 따우-	작은 숙모	ताई 따이-
고모	बुआ 부아 फूफी 푸-피-	고모부	फूफा 푸-파
아버지	पिता 삐따	어머니	माता 마따
나	स्वयं 쓰워영	아내	पत्नी 빠뜨니-
누나. 누이	बहन 베헌 जीजी, दीदी 지-지-, 디-디-	매형. 매제	बहनोई 베흐노이-
이종조카생질	भान्जा 반자	이종조카딸	भान्जी 반지-
형	भाई 바이-	형수	भाभी 바비-
조카	भतीजा 버띠-자	조카딸	भतीजी 버띠-지-
처남	साला 쌀라'	처남댁	सलहज 썰'허즈
처제	साली 쌀리'-	처제 남편	साढू 쌀루.-
아들	बेटा 베따.	며느리	बहू 버후- पतोह 빼또흐
손자	पोता 뽀따	손녀	पोती 뽀띠-
딸	बेटी 베띠.-	사위	दामाद 다마드
외손자	नाती 나띠-	외손녀	नातिन 나띤
외할아버지	नाना 나나	외할머니	नानी 나니-
외삼촌	मामा 마마	외숙모	मामी 마미-
이모	मौसी 모우씨-	이모부	मौसा 모우싸
시아주머니	जेठ 제트.	시누이 올케	जेठानी 제타.니-
시누이	ननद 너너드	시누이 남편	ननदोई 너너도이-
시동생	देवर 데워르	시동생 부인	देवरानी 데우라니-
부모님	माता-पिता 마따 삐따 = माँ-बाप 망 바쁘		
시아버지. 장인	ससुर 써쑤르	시어머니. 장모	सास 싸쓰

IX. 한글 - 힌디 기본 단어

가	जा	자
가게	दुकान*	두깐
가격	दाम, कीमत*	담, 끼-머뜨
가깝다	पास, नजदीक	빠쓰, 너즈디-끄
가끔	कभी कभी	꺼비- 꺼비-
가난하다	गरीब	거리-브
가렵다	खुजलाना	쿠즐라'나
가방	थैला, थैली	탤라', 탤리-
가볍다	हल्का	헐'까
가제	गाज	가즈
가족	परिवार	뻐리와르
가죽	चमड़ा	쩌믈라.
가지	बैंगन	뱅건
가지다	लेना	레'나
가짜	नकल	너껄'
가치	योग्यता*, मूल्य	요겨따, 물-려'
각각	अपना अपना	어쁘나 어쁘나
간단		
간맞추다	नमक-मिर्च* मिलाना	너머끄 미르.쯔 밀라.나
간부	प्रधान अभिनेता	쁘러단 어비-네따
간섭	हस्तक्षेप	허쓰뜨끄셰쁘
간식	नाश्ता	나쉬따
간장	सोया सॉस	쏘야 산쓰
간호사	नर्स*	너르쓰
갈색	बुरा	부-라
감기	जुकाम	주깜
감사	धन्यवाद	던여와드
감자	आलू	알루'-
값	दाम	담
강	नदी*	너디-
개	कुत्ता	꿋따
개구리	मेंढक	멘더.끄

252 | 꿩먹고 알먹는 힌디어 첫걸음

개미	चींटी*	찐-띠.-
거기	वहाँ*	버항
거미	मकड़ी*	머끌리.-
거북이	कछुआ	꺼추아
거스름돈	खुदरा, रेज़गारी*	쿠드라, 레즈가리-
거울	आईना, दर्पण	아이-나, 더르뻔
거지	भिखारी	비카ʰ리-
거짓말	झूठ	주-트ʰ.
걱정	चिंता*	찐따
건강	तबियत*	떠비여뜨
건강진단서	स्वास्थ्य-प्रमाण-पत्र	쓰와쓰텨 쁘러만. 뻐뜨러
건강하다	स्वास्थ्य	쓰와쓰텨
건너다	पार करना	빠르 꺼르나
건전지	बैट्री*	배뜨.리-
건포도	किशमिश	끼쉬미쉬
걷다	चलना	쩔르.나
걸어가다	पैदल चलना	빼덜 쩔르.나
검정(색)	काला	깔라'
게	केकड़ा	께끌라.
겨자	सरसों	써르쏭
겨자씨	राई*	라이-
견	रेशम	레셤
견과	मेवा	메와
경찰	पुलिस	뿔리'쓰
경치	दृश्य	드리셔
계곡	घाटी*	가ʰ띠.-
계산	हिसाब	히쌉
계산서	बिल	빌'
고기	मांस, गोश्त	만쓰, 고쉬뜨
고수풀	धनिया	더ʰ니야
고양이	बिल्ली*	빌리-
고추	मिर्च*	미르쯔
고춧가루	मिर्च पाउडर	미르쯔 빠우더르
고치다	ठीक करना	티.-ㄲ 꺼르나
고통	दुःख	두크

곧바로, 곧장	सीधे	^{h}씨-데
곰	भालू	^{h}발루-
공기	हवा	허바
공부하다	पढ़ना	뻐르.나^h
공원	पार्क, गार्डन	빠르끄, 가르던
공작(새)	मोर	모르
공장	कारखाना	까르카나
공중-	सार्वजनिक	싸르브저니끄
공항	हवाई अड्डा	허바이- 엇다.
과	विभाग	비바그^h
과목	विषय	비셔여
과일	फल	펄'
과학	विज्ञान	비걘
관광객	पर्यटक	뻐르야떠.끄
교회	गिरजाघर	기르자거르^h
구두	जूता	주-따
구아바	अमरुद	어므루드
구토	उलटी*	울'띠.-
구하다	बचाना	버짜나
국가	राष्ट्र	라쉬뜨.러
궁전	महल	메헐'
귀걸이	कर्णफूल, झुमका	꺼른풀'-, 줌까^h
귀중하다	कीमती	끼-므띠-
귤	संतरा	썬뜨라
그(것)	वह	웨흐
그들	वे	웨, (베)
그러나	लेकिन, परंतु	레'낀, 뻐런뚜
그릇	बरतन	버르떤
그리고	और	오우르
그림	चित्र, तस्वीर*	찌뜨러, 떠쓰비-르
금	सोना	쏘나
금강석	हीरा	히-라
금고	सेफ	쎄프
금하다	मना करना	머나 꺼르나
기념관	स्मारक	쓰마러끄

기다리다	इंतजार/प्रतीक्षा* करना	인떠자르/ 쁘러띡-샤 꺼르나
기독교도	ईसाई	이-싸이-
기름지다	चिकना	찌끄나
기린	जिराफ़	지라프
기쁨	खुशी*	쿠시-
기숙사	छात्रावास	차뜨라와쓰
기억하다	याद करना	야드 꺼르나
기차	रेलगाड़ी*	렐' 갈리.-
기침	खाँसी*	칸씨-
길	सड़क*	썰러.끄
길다	लंबा	럼' 바
깊다	गहरा	게흐라
까마귀	कौवा	꼬우와
깨끗하다	साफ़	싸프
끈	पट्टी	뻣띠-
끝내다	खत्म करना	커뜸 꺼르나
나	मैं	매-
나그네	अजनबी	어즈너비-
나긋나긋하다	नरम	너럼
나비	तितली*	띠뜰리'-
나쁘다	खराब	커랍
나의	मेरा, मेरी, मेरे	메라, 메리-, 메레
나이	उमर*	우머르
나이프	छुरी*	추리-
낙타	ऊँट	웅-뜨.
날	दिन	딘
남	दक्षिण	덕쉰
남은 것	बाकी	바끼-
남자	पुरुष	뿌루쉬
남편	पति	뻐띠
내리다	उतरना	우떠르나
내일	कल	껄'
냉장고	रेफ़रिजरेटर	레프리저레떠르
너	तू, तुम	뚜-, 뚬
넓다	चौड़ा	쪼울라.

넣다	डालना	달.르'나
네	हाँ, जी हाँ	항, 지- 항
네프킨	नैपकिन	네쁘낀
년	साल, वर्ष	쌀, 르버르쉬
노동자	मजदूर	머즈두-르
노랑	पीला	삘-라'
노래하다	गाना	가나
노력	कोशिश	꼬시쉬
논	धान का खेत	^h단 까 케뜨
놋쇠	पीतल	삐-떨
농담	मजाक	머자끄
농부	किसान	끼싼
누구	कौन	꼬운
누나	बड़ी बहन*	벌리.- 베헌
누르다	दबाना	더바나
느끼다	लगना, महसूस होना	러'그나, 메흐쑤-쓰 호나
다르다	भिन्न, अलग	^h빈느, 얼러'그
다리	पुल	뿔'
다림질	इस्त्री*	이쓰뜨리-
다시	फिर	피르
다음	अगला	어글라'
닫다	बंद करना	번드 꺼르나
달걀	अंडा	언다.
달다	मीठा	미-타.
달리다	दौड़ना	도울르.나
닭	मुर्गी*, मुर्गा	무르기-, 무르가
담요	कम्बल	껌벌'
당근	गाजर*	가저르
당나귀	गधा	^h거다
당뇨병	मधुमेह	^h머두메흐
당신	आप	압
대기실	प्रतीक्षालय	쁘러띡-샬러'여
대답	जबाव	저밥
대리석	संगमरमर	쌍그머르머르
대사	राजदूत	라즈두-뜨

대사관	दूतावास	두-따와쓰
대학	विश्वविद्यालय	비쉬워비댤러'여
대형상점	एम्पोरियम	엠뽀리염
더	और	오우르
더럽다	गंदा	건다
덥다	गरम	거럼
도둑	चोर	쪼르
도마뱀	छिपकली*	칩껄리'-
도서관	पुस्तकालय	뿌쓰떠깔러'여
도시	शहर	셰허르
도움	मदद*	머더드
도착하다	पहुँचना	뻐훈쯔나
독수리	गरुड़, उकाब	거룰르., 우깝
돈	रुपया-पैसा	루뻐야 빼싸
돌다	मुड़ना	물르.나
돌아가다	वापस जाना	바뻐쓰 자나
돌아오다	वापस आना	바뻐쓰 아나
동	पूर्व	뿌-르워
동굴	गुफा	구파
동물원	चिड़ियाघर	찔리.야거르^h
동생	छोटा भाई, छोटी बहन	초따. 바이-, 초띠.- 베헌^h
동전	सिक्का	씩까
돼지	सुअर	쑤아르
돼지고기	सुअर का मांस	쑤어르 까 만쓰
뒤에	के पीछे	께 삐-체
듣다	सुनना	쑨느나
들	मैदान	매단
들다	उठाना	우타.나
딱딱하다	कड़ा	껄라.
딸	बेटी*	베띠.-
땅콩	मूंगफली*	뭉-펄리'-
떠나다	छूटना, रवाना होना	추-뜨.나, 러바나 호나
뚱뚱하다	मोटा	모따.
뜨겁다	गरम	거럼
라이트	रोशनी*	로쉬니-

부록 | 257

램프	लैम्प, दिया	램'프, 디야
레몬	नींबू	님-부-
루비	मानिक	마니끄
리본	फीता	피-따
리치	लीची*	리'-찌-
마늘	लहसुन	레'흐쑨
마르다	सुखा	쑤-카
마시다	पीना	삐-나
만나다	मिलना	밀르'나
만들다	बनाना	버나나
많다	बहुत	버후뜨
말	घोड़ा	골라.ʰ
말하다	कहना	께흐나
맛있다	स्वादिष्ट	쓰와디쉬뜨.
망고	आम	암
매	बाज	바즈
매우	बहुत	버후뜨
맥주	बियर	비여르
맵다	तीखा	띠-카
머물다	रुकना, ठहरना	루끄나, 테.허르나
먹다	खाना	카나
멀다	दूर	두-르
메뉴	मेन्यू कार्ड	메뉴- 까르드.
메뚜기	टिड्डी*	띳디.-
메시지	संदेश	썬데쉬
면	सूत	쑤-뜨
면직물	सूती कपड़ा	쑤-띠- 꺼쁠라.
몇몇	कुछ	꾸츠
모기	मच्छर	멋처르
모기장	मच्छरदानी*	멋처르다니-
모기향	मच्छरमार	멋처르마르
목걸이	माला*	말라.
목욕하다	नहाना	너하나
못	किल	낄'
못	तालाब	딸랍'

무(우)	मूली*	물-리'-
무겁다	भारी	바ʰ리-
무게	वजन	버전
무엇	क्या	꺄
무화과	अंजीर	언지-르
문	दरवाजा	더르바자
문학	साहित्य	싸히뜨여
묻다	पूछना	뿌-츠나
물	पानी	빠니-
물건	चीज़*	찌-즈
물소	भैंस	밴ʰ쓰
미치다	पागल	빠걸'
믿음	विश्वास	비쉬와쓰
밀다	धकेलना	더ʰ껠르'나
바꾸다	बदलना	버덜르'나
바나나	केला	껠라'
바늘	सुई*	쑤이-
바다	समुद्र	써무드러
바쁘다	व्यस्त	브여쓰뜨
바퀴벌레	तेलचट्टा	뗄'쩌따.
박하	पुदीना	뿌디-나
반딧불	जुगनूँ	주거눙-
반지	अँगूठी*	엉구-티.-
반창고	बैंडएड	밴드.에드.
발찌	पायल*, पाजेब*	빠열', 빠젭'
밥	भात, चावल	바ʰ뜨, 짜월'
방	कमरा	꺼므라
방문	अभ्यागमन	어뱌거먼
밭	खेत	케뜨
배	नाव*, नौका*	나우, 노우까
배	नाशपाती*	나쉬빠띠-
배고프다	भूखा	부ʰ-카
배우	अभिनेता	어비ʰ-네따
백조	हंस	헌쓰
뱀	साँप	쌍쁘

부록 | 259

버스	बस	버쓰
버터	मक्खन	먹컨
벌	मधुमक्खी*	머두먹키-
벌레	कीड़ा	낄-라.
베개	तकिया	떠끼야
벼룩	पिस्सू	삣쑤-
변호사	वकील	버낄.-
병	बीमारी*	비-마리-
병	बोतल	보떨.
병원	अस्पताल	어쓰뻐딸.
보내다	भेजना	베즈나
보다	देखना	데크나
보라색	बैंगनी	뱅거니-
보석	रत्न	러뜬
보여주다	दिखाना	디카나
보험	बीमा	비-마
부르다	बुलाना	불라'나
부모	माँ-बाप	망 바쁘
부인하다	नकारना	너까르나
북	उत्तर	웃떠르
분홍색	गुलाबी	굴라'비-
불편	असुविधा*	어쑤비다
붕대	पट्टी*	뻿띠.-
브로치	जड़ाऊ पिन*	절라.우- 삔
비누	साबुन	싸분
비다	खाली	칼리'-
비둘기	कबूतर	꺼부-떠르
비싸다	महँगा	메헝가
비행	उड़ान*	울란.
비행기	हवाई जहाज	허바이- 저하즈
빨강	लाल	랄'
빨리	जल्दी	절'디-
빵	चपाती*, रोटी*	쩌빠띠-, 로띠.-
뻐꾸기	कोयल	꼬열'
삐삐	पैंजर, बिपर	뺀저르, 비뻐르

사거리	चौराहा	쪼우라하
사건	घटना*	거뜨ʰ.나
사고	दुर्घटना*	두르거뜨ʰ.나
사과	सेब	쎕
사다	खरीदना	커리-드나
사람	आदमी	아드미-
사랑	प्रेम	쁘렘
사막	रेगिस्तान	레기쓰딴
사슴	हिरन	히런
사용하다	इस्तेमाल करना	이쓰떼말 꺼르나
사원	मंदिर	먼디르
사자	शेर, सिंह	셰르, 씽흐
사진	तस्वीर*	떠쓰비-르
사파이어	नीलम	닐-럼'
산	पहाड़	뻐할르.
산호	मूँगा	뭉-가
살다	रहना	레흐나
상	पुरस्कार	쁘러쓰까르
상	मूर्ति*	무-르띠
상인	व्यापारी	브야빠리-
새	पक्षी, चिड़िया*	뻭시-, 찔리.야
새롭다	नया	너야
새우	झींगा	징ʰ-가
새해	नव वर्ष	너우 버르쉬
색깔	रंग	렁그
샌달	चप्पल*	쩟뻘'
생강	अदरक	어드러끄
생선	मछली*	머츨리'-
생일	जन्म दिन	저느므 딘
서명	हस्ताक्षर	허쓰딱셔르
서점	किताबों की दुकान	끼따봉 끼- 두깐
서쪽	पश्चिम	뻐쉬찜
석류	अनार	어나르
선물	उपहार	우쁘하르
선생	अध्यापक	어뎌뻐끄

선수	खिलाड़ी	킬라리.-
선풍기	पँखा	뻥카
설사	दस्त	더쓰뜨
설탕	चीनी*	찌-니-
섬	द्वीप	드위-쁘
성	किला	낄라'
성공	सफलता*	써펄따
성냥	दियासलाई*	디야썰라' 이-
세금	कर	꺼르
세다	गिनना	긴느나
세우다	रोकना	로끄나
세탁부	धोबी	ʰ도비-
세탁하다	धोना	ʰ도나
셔츠	कमीज*	꺼미-즈
소	गाय*	가여
소개하다	परिचय करना	뻐리쩌여 꺼르나
소금	नमक	너머끄
소매치기	जेबकतरा	젭꺼뜨라
소변	पेशाब	뻬샵
소음	शोर	쇼르
소포	पार्सल	빠르썰'
솔개	चील*	찔'-
쇼울	शाल	샬'
수건	तौलिया	또울리'야
수고	कष्ट	꺼쉬뜨.
수공(手工)	दस्तकारी, हस्तशिल्प	더쓰뜨까리-, 허쓰뜨쉴'쁘
수도원(修道院)	आश्रम	아쉬럼
수면제	नींद की गोली*	닌-드 끼- 골리'-
수박	तरबूज	떠르부-즈
수사(搜査)	अपराधी का जाँच-पड़ताल	어ᵖ라디- 까 장쯔 뻘르.딸'
수상	प्रधान मंत्री	ᵖ러단 먼뜨리-
수저	चम्मच	쩜머쯔
수프	सूप	쑤-쁘
술	शराब*, मदिरा*	셔랍, 머디라
숲	वन	번

쉬다	आराम करना	아람 거르나
승객	सवारी	써와리-
승진	पदोन्नति*	뻐돈너띠
시간	घंटा	건따.ʰ
시계	घड़ी*	걸리.-
시금치	पालक	빨러.끄
시인	कवि	꺼비
시작	आरंभ	아럼브ʰ
시트	चादर	짜더르
식당	भोजनालय	보저날러.여ʰ
식빵	डबल रोटी	더블'로띠.-
식사	भोजन, खाना	보전, 카나ʰ
식초	सिरका	씨르까
신	खट्टा	컷따.
신경을 쓰다	ख्याल रखना	켤. 러크나
신문	समाचर-पत्र	써마짜르 뻐뜨러
실수	गलती*, भूल*	걸.띠-, 불'-ʰ
실직	बेरोज़गार	베로즈가르
심황	हल्दी*	헐'디-
싱겁다	फीका	피-까
싸다	सस्ता	써쓰다
싸우다	लड़ना	럴'르.나
싸움	झगड़ा	저글라.ʰ
쓰다	लिखना	리'크나
쓰다(맛이)	कड़वा	껄루.아
아기	छोटा, बच्चा	초따. 벗짜
아내	पत्नी*	뻐뜨니-
아니오	नहीं	너힝-
아들	बेटा	베따.
아래	नीचा	니-짜
아래에	नीचे	니-쩨
아름답다	सुंदर	쑨더르
아마도	शायद	샤여드
아몬드	बादाम	바담
아버지	पिता	삐따

한국어	हिन्दी	발음
아침	प्रात:, सुबह	쁘라떠흐, 쑤베흐
아침식사	नाश्ता	너쉬따
아프다	बीमार	비-마르
안경	ऐनक	에너끄
안내도	गाइड मैप	가이드. 맵
안다	मालूम होना	말룸'- 호나
안전하다	सुरक्षित	쑤럮쉬뜨
알다	जानना	잔느나
알리다	बताना	버따나
앞에	के सामने	께 쌈네
앵무새	तोता	또따
약	दवाई*	더바이-
약간	थोड़ा	톨라.
약국	दवाखाना	더와카나
약혼	सगाई*	써가이-
양	भेड़*	베르.ʰ
양념	मसाला	머쌀라'
양말	मोजा	모자
양배추	बंद गोभी*	번드 고비-ʰ
양초	मोमबत्ती*	몸벗띠-
양파	प्याज	빠즈
어두움	अँधेरा	언데라ʰ
어디	कहाँ	꺼항
어디로	किधर	끼더르ʰ
어떠하다	कैसा	깨싸
어떤 종류	कौन-सा	꼬운싸
어렵다	मुश्किल, कठिन	무쉬낄', 꺼틴.
어머니	माता*	마따
언어	भाषा*	바샤ʰ
언제	कब	껍
얼마나	कितना	끼뜨나
얼음	बर्फ़	버르프
에메랄드	पन्ना	뻔나
여류시인	कवित्री	꺼비뜨리-
여류작가	लेखिका*	레'키까

여우	लोमड़ी*	로'믈리.-
여학생	छात्रा*	차뜨라
여행	यात्रा*	야뜨라
역	रेलवे स्टेशन	렐웨 스떼.션
연극	नाटक	나떠.끄
연하다	मुलायम	물라'염
열	बुखार	부카르
열다	खोलना	콜르'나
열리다	खुलना	쿨르'나
열쇠	चाबी*	짜비-
염소	बकरा	버끄라.
영수증	रसीद*	러씨-드
예술	कला*	껄라.
오다	आना	아나
오렌지	मौसमी	모우쎄미-
오르다	चढ़ना	쩌르.나 ʰ
오른쪽	दायाँ, दाहिना	다양, 다히나
오이	खीरा*, ककड़ी*	키-라, 꺼끌리.-
온수기	गीजर	기-저르
올빼미	उल्लू	울루'-
옷	कपड़े	꺼쁠레.
옷감	कपड़ा	꺼쁠라.
완두콩	मटर	머떠.르
외국	विदेश	비데쉬
외할머니	नानी*	나니-
외할아버지	नाना	나나
왼쪽	बायाँ	바양
요구하다	माँगना	망그나
요금	किराया	끼라야
요리	पकवान	뻐끄완
요리사	रसोइया	러쏘이야
요리하다	पकाना	뻐까나
용서	क्षमा*, माफी*	끄셔마, 마피-
우유	दूध	두-드ʰ
우체국	डाकघर	다.끄거르ʰ

한국어	힌디어	발음
우편	डाक*	다.끄
우표	टिकट	띠.꺼뜨.
운동	खेलकूद	케르'꾸-드
운하	नहर	네허르
웃다	हंसना	헌쓰나
원숭이	बंदर	번더르
원하다	चाहना	짜흐나
위(에)	ऊपर	우-뻐르
위기	संकट	썽꺼뜨.
위험하다	खतरनाक	커떠르나끄
유감	अफसोस	어프쏘쓰
유명하다	मशहूर	머쉬후-르
유제품	दूध से बनी चीजें	두-드 쎄 버니- 찌-젱
육식	मांसाहारी	만싸하리-
은	चाँदी*	짠디-
음식	खाना	카나
음악	संगीत	썬기-뜨
의사	डॉक्टर	닥.떠.르
의자	कुर्सी*	꾸르씨-
이것	यह	예흐
이다	होना	호나
이름	नाम	남
이발사	नाई	나이-
이불	रजाई*	러자이-
이상하다	अजीब	어집-
이유	कारण	까런.
이쪽	इधर	이더르
이해하다	समझना	써머즈나
익다	पक्का	빳까
익지 않다	कच्चा	껏짜
인도	भारत	바러뜨
인력거	रिक्शा	릭샤
일	काम	깜
읽다	पढ़ना	뻐르.나
잃다	खोना	코나

입구	प्रवेश	쁘러웨쉬
입다	पहनना	뻬헌느나
자각	चेतना*	쩨뜨나
자갈	कंकड़, बजरी*	껑껄르., 버즈리-
자국	दाग़	다그
자다	सोना	쏘나
자동차	मोटर*, कार*	모떠.르, 까르
자물쇠	ताला	딸라'
자전거	साइकिल*	싸이낄'
작가	लेखक	레커끄
작다	छोटा	초따.
잔돈	छोटे नोट	초떼. 노뜨.
잠	नींद	닌-드
잠자다	सोना, नींद लेना	쏘나, 닌-드 레'나
잡다	पकड़ना	뻐껄르.나
잡지	पत्रिका*	뻐뜨리까
잡화상	पंसारी की दुकान	뻔싸리- 끼- 두깐
장사하다	व्यापार करना	브야빠르 꺼르나
장소	जगह*	저게흐
재미있다	दिलचस्प	딜'쩌쓰쁘
재봉사	दर्जी	더르지-
쟁반	थाली*	탈리'-
저녁식사	रात्रि-भोजन	라뜨리 보전ʰ
저쪽	उधर	우더ʰर
적다	कम	껌
적다	थोड़ा	톨라.
전공	विषय	비셔여
전기	बिजली*	비즐리'-
전등	बिजली की बत्ती*	비슬리'- 끼- 벗띠-
전보	तार	따르
전시회	नुमाइश*, प्रदर्शना*	누마이쉬, 쁘러더르셔니-
전화하다	फ़ोन करना	폰 꺼르나
접시	प्लेट	쁠레'뜨.
접착제	गोंद	곤드
정류장	अड्डा	엇다.

부록 | 267

정말	सचमुच	써쯔무쯔
정부	सरकार*	써르까르
정찰제	एक दाम	에끄 담
젖다	गीला	길-라'
조사하다	जाँच करना	장쯔 꺼르나
존경	सम्मान	썸만
종교	धर्म	ʰ더름
종이	कागज	까거즈
좋다	अच्छा	엇차
좋아하다	पसंद करना	뻐썬드 꺼르나
주다	देना	데나
주문하다	आर्डर देना	아르더.르 데나
주소	पता	뻐따
주스	रस	러쓰
주유소	पेट्रोल पम्प	뻬뜨.롤 뻠쁘
죽다	मारना	머르나
죽음	मृत्यु*	므리뜨유
줄	पंक्ति*	뻥띠
쥐	चूहा	쭈-하
즉시	फौरन	포우런
지갑	पर्स	뻐르쓰
지도	मानचित्र	만찌뜨러
지리	भूगोल	ʰ부-골
지진	भूकंप	ʰ부-껌쁘
지폐	नोट	노뜨.
진주	मोती	모띠-
진짜	असल, असली	어썰', 어쓸리'-
진찰	डाक्टरी जाँच*	닥.떠.리- 장쯔
진찰실	निदानगृह	니단그리흐
질문	सवाल	써발'
질문하다	सवाल पूछना	써발' 뿌-츠나
짐	सामान	싸만
짐꾼	कुली	꿀리'-
집	मकान	머깐
짙다	गहरा	게흐라

짜다	नमकीन	넘낀-
짧다	छोटा	초따.
쪼개다	फाड़ना	팔르.나
쪼다	चोंच* मारना	쫀쯔 마르나
쪽지	परची*	뻐르찌-
쫓다	पीछा करना	삐-차 꺼르나
찌꺼기	अवशेष	어브셰쉬
찢다	फाड़ डालना	팔르. 달.르'나
찧다	कूटना	꾸-뜨.나
차	चाय	짜이
차갑다	ठंडा	턴.다
착하다	अच्छा, भला	엇차, 벌라'
찬사	प्रशंसा*	쁘러션싸
찬성	मंजूरी*	먼주-리-
참고	सन्दर्भ	썬더르브ʰ
참석하다	भाग लेना	바ʰ그 레'나
참외	खरबूजा	커르부-자
창문	खिड़की	킬르.끼-
찾다	तलाश करना	떨라시- 꺼르나
채소	(साग) सब्जी*	(싸그) 썹지-
채식	शाकाहार	샤까하르
책	पुस्तक*	뿌쓰떠끄
책상	मेज*	메즈
책임	जिम्मेदारी*	짐메다리-
천천히	धीरे-धीरे	디ʰ-레 디ʰ-레
청년	युवक	유와끄
청색	नीला	닐-라'
초대	निमंत्रण	니먼뜨런
초록색	हरा	허리
최악	सब से बुरी बात*	썹쎄 부리- 바뜨
추억	(अनु) स्मरण	(어누)쓰머런.
추천하다	सिफारिश* करना	씨파리쉬 꺼르나
축제	त्यौहार*	뜨요우하르
축하	बधाई*	버다ʰ이-
출구	निकास	니까쓰

춤	नाच	나쯔
춤추다	नाचना	나쯔나
충고	सलाह*	썰라'흐
취미	शौक	쇼우끄
취소하다	रद्द करना	럿드 꺼르나
치우다	हटा देना	허따. 데나
친구	दोस्त, मित्र	도쓰뜨, 미뜨러
친절	कृपा, मेहरबानी	끄리빠, 메허르바니-
친척	रिश्तेदार	리쉬떼다르
침구	बिस्तर	비쓰떠르
침대	पलंग	뻘렁'그
카펫	कालीन	깔린'-
칸	जगह की एक इकाई*	저게흐 끼- 에끄 이까이-
칼	चाकू	짜꾸-
캐묻다	ताक-झाँक* करना	따끄 장끄ʰ 꺼르나
캐슈너트	काजू	까주-
커다랗다	बहुत बड़ा	버후뜨 벌라.
컵	प्याला	빠라'
코	नाक*	나끄
코골다	खर्राटा लेना	커라르따. 레'나
코끼리	हाथी	하티-
코코넛	नारियल	나리열'
콩	सोयाबीन	쏘야빈-
콩수프	दाल*	달'
쾌활하다	प्रसन्न	쁘러썬느
쿨러	कूलर	꿀러르
크다	बड़ा	벌라.
타고나다	स्वभाविक	쓰와바비끄ʰ
타국	विदेश	비데시-
타월	तौलिया	똘우리'야
탑	स्तूप, मीनार*	쓰뚜-쁘, 미-나르
토끼	खरगोश	카르고쉬
토마토	टमाटर	떠.마떠.르
토막	टुकड़ा	뚜.끌라.
토박이	आदिवासी	아디바씨-

팁	बख्शीश	버크시-쉬
파	हरा प्याज	허라 쁘야즈
파랑색	नीला	닐-라'
파리	मक्खी*	먹키
파출소	थाना	타나
파파야	पपीता	뻐삐-따
판매	बिक्री*	비끄리-
팔다	बेचना	베쯔나
팔찌	चूड़ियाँ*, कंगन	쭐-리.양, 껑건
펜	कलम	껄럼'
편지	चिट्ठी*	찟티.-
폐	कष्ट	꺼쉬뜨.
폐	फेफड़े	페플레.
포도	अँगूर	엉구-르
포장도로	पक्की सड़क	뻐끼 썰러.끄
폭포	झरना	저르나
표	टिकट	띠.꺼뜨.
표범	चीता	찌-따
피	खून	쿤-
피로	थकान	터깐
필수적이다	आवश्यक	아보쉬여끄
하곤 하다	किया करना	끼야 꺼르나
하늘	आसमान	아쓰만
하다	करना	꺼르나
하여간	किसी तरह	끼씨- 떠러흐
학교	विद्यालय	비드얄러여
학생	छात्र	차뜨러
한낮	दोपहर*	도쁘허르
한마디	एक शब्द	에끄 셥드
할 수 있다	सकना	써끄나
할머니	दादी*	다디-
할아버지	दादा	다다
할인	छूट*	추-뜨.
함구	मुह बंद करना	뭉흐 번드 꺼르나
항구	बंदरगाह	번더르가흐

한국어	힌디어	발음
항상	हमेशा	허메샤
해	सूर्य	쑤-르여
해변	समुद्री तट	써무드리- 떠뜨.
행복하다	सुखी	쑤키-
행상인	फेरीवाला	페리-왈라
향기롭다	सुघंदित	쑤건디뜨
향나무	चंदन	쩐던
향신료	मसाला	머쌀라'
호도	अखरोट	어크로뜨.
호랑이	बाघ	바그
호박	कद्दू	껏두-
호수	झील*	질-
홀로	अकेला	어껠라'
환갑	साठ जन्मदिन	싸트. 전므딘
후추	काली मिर्च	깔리'- 미르쯔
훌륭하다	बढ़िया	버리.야
홀쭉하다	दुबला-पतला	두블라' 뻐뜰라'
휴식	आराम	아람
휴일	छुट्टी*	춧띠.-
흔히	अक्सर	억써르
힌색	सफेद	써페드
힌트	संकेत	썽께뜨
힘	शक्ति*, बल	샥띠, 벌
힘세다	शक्तिशाली	샥띠샬리'-